全国校本教研与校本课程数字出版平台
全国校本教研网 www.schooledu.com.cn
◎特别推荐◎

名师感悟
班主任有效工作艺术90例

MINGSHI GANWU BANZHUREN YOUXIAO GONGZUO YISHU 90LI

符礼科 著

江蘇教育出版社

图书在版编目（CIP）数据

名师感悟班主任有效工作艺术90例/符礼科著.
—南京：江苏教育出版社，2012.9
ISBN 978-7-5499-2270-3

Ⅰ.①名… Ⅱ.①符… Ⅲ.①班主任工作—文集
Ⅳ.①G451.6-53

中国版本图书馆CIP数据核字（2012）第196133号

书　　名 名师感悟班主任有效工作艺术90例
作　　者 符礼科
责任编辑 周敬芝　陈冬梅
出版发行 凤凰出版传媒集团
凤凰出版传媒股份有限公司
江苏教育出版社（南京市湖南路1号A楼　邮编210009）
苏教网址 http：//www.1088.com.cn
集团网址 http：//www.ppm.cn
照　　排 润星之源文化有限公司
印　　刷 九洲财鑫印刷有限公司
厂　　址 河北省三河市灵山大口
开　　本 787毫米×1092毫米　1/16
印　　张 15.5
字　　数 238千字
版　　次 2012年9月第1版　2012年9月第1次印刷
书　　号 ISBN 978-7-5499-2270-3
定　　价 30.00元
邮购电话 025-85406265，85400774　短信　02585420909
E - mail　jsep@vip.163.com
盗版举报 025-83658837

序　言

回首自己将近20年的班主任工作经历，不禁感慨万千。我一直在乡镇初中教书，没有得到过令人羡慕的“最佳”或“最优”班主任称号，没有培养出身居要位或富甲一方的学生，甚至参加工作后的十几年间一直拘泥于经验型的班主任定位，但有的是一颗挚爱教育之心。

1992年，我刚参加工作，被分配到一个偏远的乡村小学，接手高年级的教学工作。那时的村小，一个人包一个班，班上只有20个学生。我比学生大不了几岁，是一个真正的“孩子王”。学生作业基本在课堂上完成，我大多面批面改。下课后，我和学生“打脚仗”、滚铁环、玩陀螺，在教室里把桌子拼成乒乓球台打乒乓球；星期天，和学生春游、野炊、钓鱼……真的是其乐无穷，算得上是教得轻松了。两年后，学生全部考上初中，我也拿到了自考专科文凭，调到了另一所乡镇初中。

到了初中，我继续担任班主任，学生多了，所教的科目也多了。别人告诉我带班的秘诀，一是要把学生跟紧，一是向老班主任学习。于是，在管理学生方面，我借鉴了一些老班主任的方法，首先是制订班规班纪，全是带“不”字的，诸如上课不准迟到、早退，课堂上不准讲话、玩东西，不准打架骂人，不准留长发穿拖鞋，不准早恋等。违者根据情况惩罚，罚扫地、罚做下蹲、罚站讲台、罚站办公室、罚写检讨、罚跑步、罚请家长……这些招数还真的有效，多数时候还能管得了学生。当然，这也与我语重心长地给学生做思想工作有关。

4年后，我又到了另一所乡镇初中，依然带着教育学生的这些“法宝”。就这样，我批评了无数学生，请了很多家长，牺牲了不少休息时间，对学生严防死守。好几届学生又从我手中毕业，我自我感觉还不错，和学校的兄弟班相比，我所带的班教学成绩和升学率一般能居中上游。

我继续教书和带班，后来带了2006级的学生，真的应验了有的老师的感慨——“现在的学生越来越不好教了，越来越难管了”。这一级学生厌学的、违纪的、打游戏的、早恋的、辍学的、打架的，似乎越来越多。每天，我刚应付完这里，那里又出事了；教育了这个学生，那个学生又出问题了。我左支右绌，加上每天都提心吊胆，又苦又累，有时连失眠都找上门来了。抱怨之后，我决定要么带完这一级后不当班主任了，要么从下一级开始采取顺其自然的策略，没有什么大不了，不过就是学生乱一点、成绩差一点罢了。

2006年暑假，我买了电脑，开始上网，游走于各教育论坛，无意间了解了全国各地一些优秀的教师、学者和专家的事迹，我受到了强烈的震撼，特别是看了李镇西、万玮、张万祥、李迪和陈晓华等名班主任的成长经历后，我懂得了阅读、写作、研究和反思的重要性。“好思想形成好行为，好行为形成好习惯”，从此，我走上了学习、思考、吸收、实践和再学习、再思考、再吸收、再实践的成长之路。

2007年上学期开学不久，我在《中国教师报》上发表了《重点关注被忽视的学生》一文，文中写了我教过的一个沉默寡言的中等生，在初中毕业6年多后变得幽默风趣、妙语连珠，还成了一个不大不小的老板。对此我感慨良多，我虽然从没有严重伤害过学生的自尊心，但是有很多时候对待学生不够公平。现在我终于明白了，每个学生的潜力确实是不可限量的，我应该尽可能地重视每一个学生，尤其是那些被忽视的中等生和成绩较差的学生。因此，在新学期的计划里，我打算列出这些学生的名单，通过各种措施来“重视”他们。

学生听我读这篇文章的时候两眼放光，特别是一些中等以下成绩的学生，他们对我很有“好感”。那一段时间，学生表现好，我的工作也轻松了很多。尝到甜头的我，一边读书一边思考，一边实践一边总结。

一方面思考和改善班级管理的方法。从《强化班级“轮换管理”三招》《怎样营造班集体和谐互助的氛围》《我故意弄丢了成绩册》到《善于反思——班主任自我培训的有效策略》等，我让自己的班级管理向民主、科学和合理方向发展，并书面记录下来。体现我个人意志硬性规定的班规班纪消失了，取而代之的是温馨的提示和惩罚，比如罚讲故事、罚唱歌、罚做一件好人好事、罚办手抄报、罚给爸爸妈妈写一封信等，这些惩罚方式学生都乐于接受。

一方面把我的学生写进文章里。《老师，给你雨伞》，学生一听就知道写的是我和小徐同学之间的故事，这篇文章真实地再现小徐鼓足勇气借给我雨伞和我表扬他的情景，描述了我从中受到的触动，这种教育比说一大堆道理要有效得多。《舆论的力量》，写了学生几次三番地来告小魏的状，说他骂人、干扰其他同学学习，我利用课下时间让大家来评论评论，让小魏真正地感受到这样做让人讨厌。通过大家的共同教育，小魏收敛了很多。听这篇文章的时候，他既有几分惭愧、羞涩，又有几分喜悦。《语文老班“教”英语》一文中点到了班上好几名学生英语听写不及格，而后通过我的监督和鼓励，最后终于达到及格甚至达到优秀。这样的一个故事，对于强化一些学生的学习习惯帮助不小。还有《教育中的“乒乓外交”》《让学生变厌学为好学》《匿名“卧底”》《“爱情诗”事件》等文，学生看后说：“要注意哟，你一不小心就会被老师写进文章里去!”当然，谁也不想在老师的文章中留下一个坏形象，至少能做到“知错能改”。

一方面我写了其他一些教育随笔，如《反思“自己忽悠学生”》《把微笑及时送给学生》《学生就是最宝贵的资源》《在恰当的时机为学生做小事》《教室也是学生生活的地方》《对学生的“关注点”不要错位》《师者应照照三面“镜子”》等。这些文章让学生了解到我是一个善于学习和吸收先进教育思想的人，对我的信任感和亲近感不断增强。

近几届学生，在我的影响下，爱读书、爱写作的越来越多，我想这应该使学生受益终身。从“严防死守”到努力提高自己的素质并养成良好行为习惯，我尽量让自己和学生过上一种幸福完整的教育生活。

总结自己的班主任实践经验，概括班主任教育规律，我以为要做一个高效能的班主任，应该懂得“讲策略”“巧处理”“生为本”“富诗意”“修素养”“勤反思”“常充电”“扩视野”和“精专业”等方面的工作教育艺术。

当然，由于我理论功底尚浅、抽象概括能力不强、学习和思考不到位，本书肯定存在着一些谬误和不足，恳请同仁批评指正。

目录 Contents

第一章

讲　策　略

主题感悟

走进学生心灵的策略 …… 1

工作艺术

防止学生冲突的四个策略 …… 5

强化班级“轮换管理”三招 …… 7

怎样营造班集体的和谐氛围 …… 8

给学生的情绪安装保险 …… 9

怎样处理校内学生意外伤害事故 …… 11

如何纠正学生的“单相思” …… 13

让学生变厌学为好学 …… 15

语文老班“教”英语 …… 17

孩子，不要觉得骂人很好玩 …… 19

我故意弄丢了成绩册 …… 21

会合作才能成功 …… 23

机智应对教育中的问题 …… 26

巧妙惩罚没有完成家庭作业的学生 …… 31

发挥舆论的教育监督作用 …… 34

欲加之“优”，何患无“法” …… 37

认清“恐吓电话”的实质 …… 39

"走神"，一个小问题 …… 40
给"难堪"搭个台阶 …… 41
怎样化解特殊家庭学生与家长的矛盾 …… 43
同任课教师"过招" …… 46
把矛盾消融在课堂中 …… 48
培养学生抗挫能力三部曲 …… 50
教育中的"乒乓外交" …… 53
如何处理学生赌博问题 …… 55
转化"问题生"从有效的沟通开始 …… 57

第二章

生 为 本

主题感悟
从每一个孩子出发 …… 59
工作艺术
老师，请读懂学生的心 …… 64
巧妙利用关键性事件 …… 69
对待"问题学生"的下、中、上策 …… 71
都是微笑惹的祸 …… 73
因考差不回家的学生 …… 75
对学生的"关注点"不要错位 …… 78
在恰当的时机为学生做小事 …… 80
让"多动症"的孩子快乐地成长 …… 81
有这样一个学生 …… 83
请停下辍学的脚步 …… 90
匿名"卧底" …… 95
最美的回忆 …… 97

第三章

修　素　养

主题感悟

内外兼修，提高班主任素养 …… 99

工作艺术

“爱情诗”事件 …… 104
老师，给你雨伞 …… 106
老师，请看看我的作文 …… 108
一道特殊的作业题 …… 111
把微笑及时送给学生 …… 112
教师违“规”与学生同“罪” …… 114
怎样摆脱“开学综合征” …… 116
教师的宽容和爱取决于心态 …… 119
不做分数和名次的“奴隶” …… 120
不要给孩子贴上“贫困生”的标签 …… 122
不必事事和学生较真 …… 125
看透学生“知错不改”现象 …… 127
压一压被学生激起的怒气 …… 129

第四章

勤　反　思

主题感悟

在反思中进行自我培训 …… 131

工作艺术

反思自己“忽悠”学生 …… 135
学生缘何不想当榜样 …… 138

对主题班会“四环节”的思考 …… 141
——以“我看初中生打架事件”的主题班会为例
一次尴尬的命令 …… 145
那一次，是教训也是经验 …… 147
师者应照照三面“镜子” …… 149
开学之初的别样风景 …… 151
警惕调解好的冲突复发 …… 153
管理学生的“三大绝招”该休矣 …… 155
教师不该丢弃自己最基本的东西 …… 157
慎选课代表 …… 159
教室也是学生生活的地方 …… 161
别让孩子太累 …… 162
任课教师应有和学生沟通的态度 …… 164
过度教育要不得 …… 166

第五章

常　充　电

主题感悟
以“名师资源”促成长 …… 169
工作艺术
不做“教书匠” …… 175
用人格魅力征服学生 …… 177
——读李镇西《做最好的老师》
教育家的成长智慧 …… 179
——读《16位教育家的智慧档案》
农村教师的一面镜子 …… 181
——读《教书，不简单》有感
“明星教师”管理“差班”的启示 …… 183

做快乐成功的班主任 …………………………………………………… 186
——读《班主任工作漫谈》有感
为《低些，再低些》的教育意义把脉 ……………………………… 188
看清“美丽的育人故事”背后的东西 ……………………………… 191
请正确看待一些教育名句 ………………………………………… 193
为了学生走教育写作之路 ………………………………………… 196
爱上教育写作 ……………………………………………………… 200
家访心情札记 ……………………………………………………… 202
“网络师徒” ……………………………………………………… 204
——我和陈礼林老师的网络情缘

第六章

扩　视　野

主题感悟
班主任应不断开阔视野 …………………………………………… 207
工作艺术
警惕“教师皆祸害” ……………………………………………… 211
发挥学生评价的正面效应 ………………………………………… 215
——从班主任满意度调查说起
让学生评教更真实有效 …………………………………………… 217
不要轻易向家长告状 ……………………………………………… 218
学生就是最宝贵的资源 …………………………………………… 220
校长争当班主任的新鲜事 ………………………………………… 222
说说春游的好处 …………………………………………………… 224
家校合作应走和谐之路 …………………………………………… 226
不宜直接任命“问题学生”当班干部 ……………………………… 228
谈一谈留守学生的优势 …………………………………………… 230
警惕新时期留守儿童辍学 ………………………………………… 231
教师生活也需要“快” …………………………………………… 233

第一章 Chapter 1 讲策略

主题感悟

走进学生心灵的策略

班主任工作策略，是指为了实现建设优秀班集体的目标，预先根据学生可能出现的问题制订的若干对策。在实现目标的过程中，班主任可根据实际形势的发展和变化制订出新的对策，或者根据实际形势的发展和变化来选择相应的方案，最终创设一个学风优良、班风纯正、积极向上的良好环境，让班集体中的每个成员都能得到正确引导并健康成长。

对于班主任工作策略，北京市班主任工作研究会副理事长王宝祥先生认为：做班主任，要把研究班情、研究学生的特点作为班主任工作的出发点，在这个基础上去设计我们的教育计划、教育活动，才能提高教育的实效。

心理学研究表明：中学生的生理和心理进入快速发展阶段，开始出现了质的飞跃，生理上进入了性成熟期，出现了特别明显的性别特征；伴随着生理的变化，心理上也有了特殊的情感体验，较为明显的是“成人感”

与“差异感”的出现。概括中学生心理特点，有这样的特征：性意识骤然增长，智力水平迅速提高，自我意识强而不稳，独立欲望增强，兴趣爱好日益广泛，人际交往欲望强烈。

有美好的愿望但学习可能不努力，口头上能讲节约而实际生活中却比穿戴、讲排场，有强烈的自尊心而经受不起挫折和失败，渴望人际交往而又易出现封闭、自卑，主观上想积极进取而又有骄娇二气，接受网络等新事物快而又不能较好地分清良莠……中学生的性格就这样充满了矛盾。

对于老师，中学生不再像小学生那样认为是至高无上的权威，而是有了新的认识，并有了更高的要求，也有了更明确的看法。对于老师所说的、所讲的，中学生会抱怀疑的态度，看待事物和表达观点已从“老师说”“书上说”发展到“我认为”。

如果班主任不了解和关注这些，那就根本谈不上讲策略，只能让教育工作低效甚至“负效”。“大禹治水”的故事想必老师们都知道。传说4000多年前，黄河流域洪水滔天，久久不退。当时的部落首领尧为此忧心如焚，派鲧去治水。鲧采用筑坝堵水的方法，结果堵了这边，另一边又决了口。堵来堵去花了9年工夫也无法将洪水治服。后来尧传位给舜，舜又派鲧的儿子大禹去治水。大禹吸取了父亲治水挫败的教训，采取疏导的办法治理黄河洪水。他疏浚河道，开渠排洪，终于把肆虐的洪水引入了大海，消除了水患。同样是治水，鲧不讲策略，采用“硬堵”的手段，大禹讲策略，采用“巧疏”的方法，结果当然会迥然不同。班主任工作何尝不是如此！讲策略的班主任，把班级管理得井井有条并深受学生的喜爱；不讲策略的班主任，感觉又苦又累，班级管理一团糟，学生对立情绪较普遍。

有一则寓言，讲的是两只蚂蚁寻找食物的故事。两只蚂蚁想翻墙去找食物，一只蚂蚁来到墙脚就毫不犹豫地向上爬去，可是每当它爬到大半时，就会由于劳累、疲倦而跌落下来。可是它不气馁，一次次跌下来，又迅速地调整一下自己，重新开始向上爬去。另一只蚂蚁观察了一下，决定绕过墙去。这只蚂蚁绕过墙来到食物前，开始享受起来。尽管第一只蚂蚁有“吃食”的目标和愿望，也肯努力奋斗，但做法太死板、太僵化；另一只蚂蚁为了尽快实现目标，先观察再思考，有计划，讲策略，很快吃到了食物。班主任要像第二只蚂蚁那样，只有开动脑筋、讲究策略，才能享受到教育的美味。

万玮老师在《班主任兵法》中指出：班主任在具体处理学生问题的时候，则要讲究策略，光有大无畏的气概是不够的。教师要精心备课，要精心设计战术，要善于等待时机。教师要深谙因材施教的准则，要重视学生的差异，对不同的学生采取不同的方法。在具体操作过程中，教师要随机应变，具体情况具体处理，全面考虑问题，做到要么不出手，一出手必得手。这是在战术上重视学生的表现。万玮老师所谓的班主任“兵法”，其实质就是班主任的工作策略。

凡做出成绩的班主任，教育工作无不讲策略。高考前夕，很多学生都非常紧张，但是如果老师反复叮嘱学生不要紧张，未必会有什么实际效果。北京市模范班主任高金英是这样做的，她说：“孩子们，我的手跟胡锦涛同志握过，沾过灵气，跟高老师握握手，一定能考出好成绩。”孩子们纷纷与高老师握手，怀着一个美好的期望，开开心心进入考场。班上有一个学生因为某种原因开始未能和高老师握手，他急急忙忙找到高老师，和她握手之后，才欣喜地进入考场。这个学生高考考出了好成绩，后来他说：“幸亏我握过老师的那只手。”其实高老师这只手哪有那么神奇的力量，但它却在特定环境下给了学生一种安慰、一种自信和一种动力，所以那个班的学生在高考时都能正常发挥，考出自己满意的成绩。作为班主任，我们要学习的是高老师的教育智慧和育人策略，而不是她的具体做法。

万玮老师在《班主任兵法》中还说过，教师和学生永远是属于两大阵营，只不过高明的老师会尽量缩短这两个阵营的距离，求同存异，大家为了同一个目标而共同奋斗；不高明的老师会使这两个阵营完全对立，极端者甚至势同水火，互不相容。

那么，班主任老师怎样才能走进学生的心灵呢？这有着具体的策略。

一方面，班主任首先态度上要和蔼，学生才不会因敬畏而过分压抑自己；其次是要善于挑起话题，不要一说就是学习，要多提学生感兴趣的至少是有话可说的话题；再次是要善于倾听，要让学生多表达多说，学生在讲述的时候要听得认真，不懂的还可以多问，激发学生的成就感。还有班主任要善于欣赏学生，比如，在体育活动时看学生跳绳、打球，对于精彩的，班主任可用鼓掌、竖大拇指等方式赞扬，也可以给学生加油。有时班主任还可以参与活动，即使是自己不擅长的活动也没关系，但一定要主动遵守规则，该下场时就下场，有时“示弱”能让学生感到老师的真诚，更利于师生之间和谐相处。

事实表明，班主任和学生一起聊天、一起活动，不仅可以进一步了解学生，而且能让男生变得更“绅士”、女生变得更“淑女”。

另一方面，班主任与学生交往时应该注意一些问题。

一是必须有底线限制，如不要沾染上江湖习气，不要与学生交往过密，与男生兄（姐）弟相称、与女生兄（姐）妹相称。学生毕竟是受教育者，他们在很大程度上还要接受班主任的监督、接受学校和班级规章制度的约束，在学习和生活中，他们也难免与班主任、其他老师或者同学发生这样那样的冲突。因此，班主任要懂得保持适当的距离，要在学生面前保留一定的严肃性，要为“惩罚教育”留下后路。否则，真正的教育就难以实施。

二是要注意针对学生的不同性格采取不同的方式。与性格内向的学生交往，班主任应主动些，因为这类学生大多会自觉遵守纪律，态度相对较好，但他们可能存在较大的心理问题，或者在学习方法上不够妥当，在这些方面很难得到班主任的个别疏通和指导。与性格活跃的学生交往，班主任应冷静些，因为这类学生的缺点是常常以自我为中心，缺少恒心和毅力，班主任要引导他们关注他人，做事不要冲动，学习要有目标和计划等。

三是与学生群体可以走近些，不能与个别学生太友好。像前面提到的聊天，这种无教育意识的交往，班主任最好是和学生群体进行，以免个别学生产生优越感，同时让所有的学生感觉到老师的公平公正。

四是在任何场合下都要尊重学生。即便是学生犯了错，也不要对学生冷眼相待，甚至挖苦或讽刺学生，更不能因为“气愤”而用不文明的语言责骂学生。在家访时不要一直在家长面前数落学生的不是，要充分肯定其优点，委婉指出其不足，并要让家长知道自己的孩子并非无药可救，然后共同商讨教育良策。不管在校内还是校外，班主任对学生的“问好”不要漠然视之，要用微笑、点头或简洁的语言积极回应。

对学生动之以情、晓之以理、持之以恒，走进学生的心灵，我们的班主任工作就会做得更好。

工作艺术

防止学生冲突的四个策略

策略一：班主任不以“暴力”解决问题。这里的“暴力”包括两个方面，一是以“武力”制服学生，一是以“语言暴力”教育学生。前者因为属于很明显的体罚学生，除了极个别班主任在极个别情况下使用，一般班主任不会使用；后者指以简单粗暴的语言批评或责骂学生，这在学校相当普遍。班主任这种“语言暴力”会让学生或多或少地受到“熏陶”，学生之间发生的冲突往往就是由语言运用不当引起的。

策略二：班主任要努力融入“学生圈”。班主任在做学生师长的同时，要争取做他们的朋友。对于中学生打架的行为，我们教师常常感慨：“这些学生为什么不及时来报告，我会制止和处理的呀!”其原因在于，不管我们承不承认，现代中学生在价值判断、思考逻辑、行事风格上已经体现出一些“江湖义气”，他们认为自己的事要自己解决，他们甚至认为“打小报告”会被人瞧不起……而班主任以平等的姿态对待学生，尊重学生的人格，用朋友的身份与他们交往，他们就能更信任老师。“打小报告”固然不对，但对朋友却可以无话不谈。这样，班主任便能很清楚地了解学生的思想状况，也能了解到学生将要发生的冲突和已经发生的冲突，才有可能把前者消除在萌芽状态，让后者不再升级。

策略三：班主任应召开相关主题班会。如某学校一学期以来，学校对每一起打架事件都进行了认真地处理，对参与打架的学生进行了严肃的批评教育甚至给予了处分，但校园内外学生打架事件还是偶尔发生。从参与人员和打架的形式来看，有学生个人之间的打斗，即所谓的单挑；有三五成群的学生团伙对其他学生的欺凌；有学生群殴；有学生借助校外青年到校内滋事等。该学校某班已有学生因为一点小事而发生摩擦，及时教育才避免了摩擦“升级”。鉴于此，该班班主任决定召开主题班会“我看初中生打架事件”。通过班会活动，让学生认识到了打架的实质和危害，形成良好的班集体风气；培养学生自制力和宽广的胸襟，使学生懂得当与同学发生冲突时，要克制自己、宽容别人；使学生明确现代社会是文明社会、法制社会；使学生掌握解决人际关系问题的方法。

策略四：班主任要掌握团体作战的方法。一是要让家长支持和配合。可以召开家长会，也可以有针对性地对学生进行家访或请家长校访，让家长明确学生发生冲突可能带来的危害，让他们出谋划策，让他们帮助教育学生。二是要让科任教师支持和配合。如让学生很信任的科任教师做思想工作、从科任教师那里获取相关的信息、听取科任教师的方法，等等。三是要主动配合学校教育工作。如学校举办了法制讲座，对学生进行了法制教育，要让学生谈一谈感想或者写一写心得体会；班主任发现发生冲突的学生来自不同班级或者问题很棘手，要及时向学校领导汇报，由学校出面进行有效干预。四是要培养一支讲团结、有正气的班干部队伍。对于学生之间无意发生的冲突，班干部可进行调解；对于恶意欺负或侮辱他人的学生，班干部要敢于和其他同学一起对其进行谴责和声讨，必要时向老师报告。

强化班级“轮换管理”三招

河南省郑州市金水区沙口路小学赵娜老师提出问题：如何解决班级“轮换管理”中的难题？她说：“我所带的班级都非常注重民主，我认为采用‘轮换管理’法可以使每个孩子都能参与班级的管理，从而激发他们的集体荣誉感。可学生毕竟是存在差异的，有的班干部管理得井井有条，可有的学生尽管热情很高，可真正操作起来却是手忙脚乱，惹得大多数同学不满。我想体现公平、公正的原则，让每一个学生都有尝试管理的机会。对此，我非常困惑。”

由于学生性格、爱好、兴趣和自信心等都有差异，并非每个学生都能当好“官”，于是出现有的班干部把班级管理得井井有条，有的效果欠佳的现象。为了让“轮换管理”达到较理想的效果，笔者有以下建议：

其一，实行“核心制”。班主任要善于发现“管理人才”，把他们分散在各组中，每周使其中的一两个人担任值周班长和副班长，主持全面工作，建立健全班级规章制度，分配本小组任务。俗话说：“蛇无头无行，蜂无王则散。”有了主心骨，班务管理工作才有指向性和针对性，才能落到实处。

其二，实行“见习制”。没有管理经验的或缺少信心的学生可自愿报名找一个“老师”，跟着“老师”学习一周，学习他是如何思考和行动的，有哪些不懂的地方可向其请教。通过“一对一”的帮扶，更多的学生在班级管理中成熟起来。为了让“见习”落到实处，班主任要先做好“老师”们的工作，请他们耐心细致一点，并作好“帮扶”的成绩记录，让“学生”也作好学习记录、写好心得体会。对教得好的“老师”和学得好“学生”及时表扬。

其三，实行“督促制”。一是班主任教师不要放手不管，要经常深入“第一线”，检查每天班级管理的情况，有问题马上纠正；还要经常倾听“管理者”的声音，解答他们的疑惑。二是让“老师”检查和指导“学生”的具体操作，不让“学生”偷懒，尽量让他顺利地完成工作。只要他有了成功的体验，就会增强信心。三是让组与组之间互相监督，吸取别的小组的长处，指出不足并督促其改正，从而使大家共同提高。

怎样营造班集体的和谐氛围

河南省洛阳市新安第二高中李改敏老师遇到了难题。她说："建立互帮互助小组，是在班级中营造积极向上氛围的良策之一。但让学生按成绩结对时，我却发现，学习好的不想结对学习差的，怕耽误自己的学习；学习差的又看不惯学习好的那心高气傲的神态。即使把他们强拉硬扯在一起，也不会达到预期目的。如何引导学生建立和谐互助的学习小组呢？"

学习互助是学生个体合作的一种方式，只有双方都有积极主动的态度，才能达到最佳的学习效果。因此，班主任必须让每个学生都明确其意义，在互助合作过程中有所收获。这就需要在建立学习小组之前营造好氛围，以疏通学生的思想。否则，学习小组建立后将会带给成员很多困惑和无奈，甚至是有名无实的。那么，班主任可以采用哪些途径来营造和谐互助的氛围呢？

写一次话题作文唤醒。班主任可提议学生以"帮助"为话题，写生活中或学习中帮助别人或受别人帮助的事，要求写真事、诉真情，写出自己的体验和感受。在某个特定的环境中，每个学生可能当过强者，也可能当过弱者。班主任在点评学生作文时，一定要让学生辩证地看待帮助的问题——你帮助别人的同时也帮助了自己。

办一次主题黑板报熏陶。以"合作互助"为主题办一期黑板报，学生自己提供材料、谋划布局、筛选信息、书写内容、装饰美化等。这本身就是一个合作的过程，因为要想办好黑板报，需要学生团结协作。黑板报办好之后学生会更加珍惜劳动成果，其教育和熏陶作用尽在不言中。

上一次班会讨论课激励。在班会课上班主任可组织学生讨论一些相关的问题，如为什么要建立学习小组？帮助别人会影响自己吗？学习上向别人求助很没面子吗？班主任可引导学生积极发言，甚至让学生进行辩论，学生可以直接讲道理，可以打比方说明，可以用事例诠释。对于正确的认识和事实，班主任应及时肯定、表扬，激励学生树立互助的观念。

给学生的情绪安装保险

学生的情绪失控，无论是闪电式，还是蓄积式，均有不考虑后果的“激情爆发”的特点。在行为上，如果针对别人，在程度上依次是骂、砸、打甚至是杀；如果针对自己，可以是哭喊、出走、自残甚至轻生。学生情绪一旦失控，就如一匹脱缰的野马，乱闯乱窜，往往给他人或自己的身体和精神带来不同程度的伤害。因此，从这种意义上看，预防学生情绪失控，就比处理情绪失控的造成的问题更重要。

首先，尽量避免性格缺陷引发的情绪“短路”。

现在大多数学生是独生子女，他们在家庭生活中时时处于“优势”地位，受不了半点委屈，因而自以为是、目中无人、娇气、任性、脆弱……这些性格缺点中潜伏着情绪失控的因子，教师应增强学生对情绪失控的免疫力。

第一，培养学生与人和谐相处的宽容心。班主任应在学校和班级开展各种活动，让他们学会真诚地合作、交往，事事多从他人的角度考虑，善于包容别人的缺点和过失。使他们学会不因小事和对方发生激烈的冲突，不对小小的误会耿耿于怀。

第二，培养学生承受打击的抗挫折力。班主任要时刻提醒学生勇于承认自己的缺点和错误，乐意接受老师的批评和教育；在学习上，要认真努力，根据自身的基础和实际情况估计分数，用平静的心态来对待考试成绩，胜不骄，败不馁。

第三，培养学生尊老爱幼的传统美德。教育学生在校尊敬师长，当众不顶撞老师；团结同学，不欺负弱小。在家要尊敬父母，不为家人未满足自己的要求而大发雷霆。

第四，培养学生正确地看待问题和处理问题的能力。学生有时为了“一口气”、帮助“哥们”、“争风吃醋”等，与人发生冲突，引起情绪失控，造成不可收拾的局面。班主任要让学生正确认识、深刻理解“面子”“义气”“早恋”等问题的危害，教育学生如果遇到这些问题要求助老师和家长。

其次，及时连接情绪高压烧断的“保险丝”。

除了正面培养学生的世界观和人生观，让他们具有较稳定的积极情绪外，班主任还要善于发现并处理不良情绪的萌芽。在一些特定的环境和氛围下，学生难免出现大的情绪波动，班主任如能把握其前奏，便能把情绪失控消灭在萌芽状态。这要求班主任要善于发现学生情绪失控的苗头，并采取相应的处理措施和方法。

通过观察，班主任可发现学生有时性格发生较大的变化，如外向活泼变为沉默寡言，内向变得暴躁，或突然做事心不在焉、颠三倒四等。通过与其他学生的谈话，班主任也可在不经意间捕捉一些相关信息。另外，作文或日记等书面细节，也可能表现出学生的强烈不满等。这些可能就预示着学生的情绪“风暴”将要来临。教师如发现苗头，不可等闲视之，要和学生真诚地沟通，排遣和释放其不良情绪。

预防学生情绪失控，学校最好培养一些专职的或兼职的心理辅导教师，来进一步解决学生的情绪问题。另外，学校也可采取一些措施对学生进行心理疏导，一是开设心理健康课，把情绪失控的实例分析给学生听，让学生重视这个问题；二是设立心理咨询室，开通热线电话，对学生的紧张、焦虑、烦躁等情绪予以专业的指导；三是设立心理发泄室，让学生把郁积于心中的不良情绪发泄出来。

怎样处理校内学生意外伤害事故

课间休息时，某校初二（1）班学生小张去找同班同学小杨玩，后来在追逐中小张不慎在操场上跌了一跤，当时只听见他“哎哟”一声，然后慢慢地从地上爬起来，就再也没有力气和小杨玩了。上课铃响后，该班班主任陈老师发现小张神色有点不对劲，便走到小张跟前问他哪儿不舒服，是不是感冒了。小张回答没什么，其他同学告诉陈老师小张刚才跌了一跤，可能被跌痛了。陈老师叫小张去看医生，小张摇头说不用。陈老师教育了全班同学几句，接着上课了。

第二天早自习，小张托同寝室的同学给陈老师请假，说是手臂痛得厉害。陈老师隐隐觉得问题有点严重，便立即到寝室去看望小张，不看不知道，一看吓一跳，小张的左上臂已经肿了，很显然是左上臂骨折了。陈老师连忙向校长汇报了此事，校长立即派校车把小张送到了县医院，医生检查后，要求小张住院治疗。安顿好小张住院，陈老师马上电话通知了小张的家长和小杨的家长。双方家长到场后，陈老师说明了事情的经过，双方家长都比较通情达理，没吵没闹，后来在法制副校长的调解和裁断下，双方家长共同承担了这件事的责任。

学生在校园内受到意外伤害，校方给家长讲清意外的经过很重要。小张和小杨本来平时的关系较好，互相开一开玩笑是很正常的；双方嬉戏的地点又是在操场上，少年有活泼好动的天性，你追我赶也无可厚非。但如果在教室内或楼道追逐就是错误的，这一点学校也再三禁止。一般来说，小张的这次意外不容易发生却发生了，小张摔跤后，班主任陈老师也主动地关心了，小张自己却碍于面子没有及时去看医生。从动机上看，小张不愿意给班主任和好朋友小杨找麻烦，以为忍一忍就能过去。第二天，陈老师得知小张请假的消息后，没有丝毫懈怠，马上到寝室查看了小张的具体情况，并及时向校长汇报，校长也立即派校车把小张送到了县医院，校长和陈老师亲自护送，并为小张办理好了住院手续，这一切表明了校方高度的责任感。双方家长了解事情的前因后果之后，没有理由责怪校长和老师。事实上，双方家长也很懂道理，不但没有怪校长和老师，反而对校方的做法很满意。

法制副校长在调解和裁断时以相关的法律法规为依据，如教育部《学生伤害事故处理办法》第二章“事故与责任”第八条规定：“学生伤害事故的责任，应当根据相关当事人的行为与损害后果之间的因果关系依法确定。”具体地说：“因学校、学生或者其他相关当事人的过错造成的学生伤害事故，相关当事人应当根据其行为过错程度的比例及其与损害后果之间的因果关系承担相应的责任。当事人的行为是损害后果发生的主要原因，应当承担主要责任；当事人的行为是损害后果发生的非主要原因，承担相应的责任。”案例中事故的起因是小张主动去找小杨玩，而后在奔跑中自己摔倒，因而应承担主要责任；小杨毕竟参与了追逐，因而应承担相应的责任。

这起意外事故处理比较顺利，除了以上原因外，就是治疗的费用虽然不是很低，但是其中的大部分费用可以通过保险的途径报销。该校绝大部分学生都购买了学生平安意外伤害保险。另外，由于小张是农村的孩子，在学校由于自身原因受到伤害，即使没有参加平安意外伤害保险，也可以根据农村合作医疗住院报销实施办法获得一定的补偿。

针对这件事，笔者提几点建议：

其一，教师在平时工作中应更加细心一些、耐心一些、专业一些。比如，案例中的陈老师在下课后如果再单独问一问小张同学，仔细查看一下小张被摔痛的手臂，或者坚持带他到所在地的医院检查一下，就会在第一时间发现其骨折，可以使其尽快得到治疗并恢复。

其二，班主任要经常教育学生，不要为了顾及面子或者担心违纪，发现其他同学受到意外伤害不及时报告老师，自己受到意外伤害也向老师隐瞒。班主任应提醒学生遇到这种事时主动告知老师，否则可能让意外伤害的后果越来越严重。

其三，学校不但要念好“安全经”，让广大教职工经常保持警惕心，还要认真学习和体会相关的法律法规，如《学生伤害事故处理办法》《教育法》和《未成年人保护法》等，还要学习和掌握一些应对学生意外伤害的科学而具体的方法，做好学生意外伤害的处理工作。

如何纠正学生的“单相思”

伴随着身体和心理的成长，中学生在人际交往中会产生很多烦恼和困惑，比如怎样与异性同学交往、对异性有了好感或者异性向自己表示好感怎么办、为什么找不到知心朋友等。班主任老师要善于观察、善于分析、善于引导，走进他们的“心灵”，不怕遭遇“尴尬”，不把学生的“困惑”当作“异端”去嘲笑、讽刺，从而切实为他们“排忧解难”。

小龙13岁，个子小小的，正上初中一年级，随着青春期的到来，他对异性有了朦胧的好感。最初，他想认一个女生做“干姐姐”，被该女生断然拒绝了。他马上“移情别恋”，只要是坐在他附近的女生，他都想办法去“打扰”一下，其目的是想引起对方注意。比如，他有时用脚去轻击女生的凳子，有时用笔头去点女生的手臂，有时用“深情”的目光注视女生，有时故意找各种各样的借口去和女生说话。不过他这回学了乖，不再提认别人做“干姐姐”的事。为此，凡在他周围坐的女生都很讨厌他，并时不时向我告状。我提醒过他几次，他每次能坚持三五天，后来“毛病”又复发了。我再严厉地批评他时，他竟然伤心地哭了。

此后他没有再去“打扰”女生，但另一种现象随之而来，只要一有女生稍不留神“沾惹”到他，他就破口大骂，什么脏话都骂得出来。平时，不但对女生不理不睬，而且经常是“怒目相视”。要是有女生跟男生多讲了几句话，他就在别人面前说七说八。这时我意识到，只是“提醒”或“批评”并不能解决问题，他已经由一个极端（爱）走向了另一个极端（恨），再这样下去，小龙的心理必然走向“变态”，必须要想办法让他迈过心中的这道“坎”。

于是，我专门召开了一个主题班会：你最欣赏同龄人（包括异性同学）的哪些优点？全班同学热烈地讨论了这个问题，我还有意识不露痕迹地安排了小龙“打扰”过那几位女生发言。从整体上看，大家的答案是学习方法好、勤奋努力、为人正直、文明守纪、尊重他人、乐于助人……课后我再找小龙谈话，问他有什么收获，他不表态。我给他讲：“同学们的认识很正确，要想获得别人的好感，就得有学识、有修养。”接着我问他：“今天同学们说的这几条，你具备哪些?”他想了想，摇了摇头。我说：“没有这些优点不要紧，可以慢慢培养，但你如果继续这样下去，会加深同学对你的厌恶，而且会有更多的同学讨厌你，到时我想帮你都帮不了。”他望了我一眼，低下了头。我再分析说：“你也用不着老是背着思想包袱，其实你这种情况每个少年都有过，只不过他们没有明显地表现出来。”听到这话，他抬起了头：“老师，真的吗? 我还以为只有我有这些坏思想呢!”我诚恳地对他说：“你今后的路还长得很，人生路上难免出一些差错，不过，老师、家长和同学会帮助你的。”他点了点头：“老师，你放心，我会尽力改正的。”

为了让小龙的改正落到实处，我动员了班干部小玲和小英帮助他，他作业交给小玲、课文在小英那里背，小组讨论三人也在一起。对小龙表现出来的优点，如字迹工整、背课文流畅、小组发言积极，她们都给予了肯定和表扬，并不时向我汇报，我也及时地“反馈”给小龙。渐渐地，他信心更足了，和女生的交往也越来越正常。女生们都评价：“小龙好像换了个人似的。”

让学生变厌学为好学

那一年，我奉命接手初三（4）班的班主任工作，而这个班的学生“厌学”现象早已“驰名校园”。通过个别谈心、自我介绍、主题班会、心情日记等，我尽快了解和熟悉了学生，摸清了他们上课走神、不努力学习、喜欢交友的原因和心态。受这些心态的支配，有些自控能力较差的学生就衍生出一系列违纪违规的行为，比如打架、骂人、早恋、进网吧等。

当厌学成为一种习惯时，再要改变习惯并非易事。若要学生改变厌学的习惯，关键是要让学生认识并改变其固定的消极心态。3 周后的一节班会课上，我宣布：“经过对同学们的全面考察，我发现了一个事实，我们班的同学并不笨，而且我会让绝大部分同学在 21 天后养成爱学习的习惯……”学生先是怀疑，进而惊愕，听我说得那样斩钉截铁，继而目光中有了自信和信任。我继续说道：“我很清楚同学们其实也想上进，这节班会课就是我们共同前进的起点。”

接下来，我加强了与任课教师的交流和沟通，经过多次诚挚的交谈，我们在转化这个“特殊班”方面达成了一些共识。比如，课堂上教师用眼神、手势、神态来关注每一个学生，每节课都要如此，要尽可能让每一个学生实实在在地觉得“瞧！老师关心我了，而且老师每节课都关心我了”。再如，答问、评作业时对学生可取之处进行表扬，越细越好，越与众不同越好，学生就会想“我通过努力取得了一些成功，在这方面我甚至超过了那些成绩好的同学”。只有让其逐渐变得对学习有兴趣、有信心，那些不良的行为习惯才容易被纠正。几乎每天，我都要到任课教师那儿了解情况，并及时反馈给学生，促使他们一点一滴地进步。

与此同时，我重新调整了班干部、课代表、学习组长名单，当然，这些人是由全班学生民主选举产生的。鉴于班级的特殊情况，我希望他们首先管好自己，在学习上起好带头作用。相对来说，这些学生自觉性要高得多，经过一段时间的强化，他们起到了很好的带头作用。然后，我再采取自愿组合的方式，以他们为核心，组建了学习小组和纪律小组，宣布了一系列要求，并配套了奖惩措施。由于纪律上监督细致，学习上明确了请教对象，学生违纪现象大大减少，学习积极性也不断地提高。

另外，我不以学生学习忙为借口而放弃或敷衍学校组织的各项活动。在初三年级组中，由于我班对活动的重视，在体育比赛、朗诵比赛、广播操比赛、征文比赛和文艺会演中多次获奖，远远走在同年级的前列。可以说，每一次活动对学生自信心都是一种促进，这表明我班并不是“笨班”，我班学生并不是“笨学生”。以此为契机，班级的凝聚力和荣誉感增强了，学生把这种信心转移到学习上。此后，学生还有了一个更大的目标，就是在初三下学期各科竞赛中取得好成绩，要让别的班级“刮目相看”。

果然，在初三上学期的期末考试中，我班的成绩已和兄弟班差距不大，班上不少学生的表现得到了校领导的肯定和表扬。通过各方面的努力，在初三毕业会考中，我班取得了理想的成绩。

语文老班“教”英语

星期天第一节晚自习，英语老师从以前学过的单词和短语中选出21个让学生听写，写对一个计5分。第二天，我去班上了解情况，全班63名同学得100分的只有7人，就算把80分以上的人数加上也不过12人，60分以下的有15人，最低分为15分，也就是只写对了3个。

这种情况大大出乎我的意料。要知道开学一个多月以来，我这个班主任最重视的就是英语课了，从早到晚，只要一有空余时间，我就会让学生读记英语，甚至我的语文早自习我都要先拿一半的时间让学生读英语。多年的班主任经验让我了解到，农村初中学生最薄弱的学科就是英语。因为英语差，很多初中生在后来考不上高中，乃至初中都不能毕业；因为英语差，升上高中的大部分学生考不上心仪的大学。

我以为我投入了这么多时间和精力，大部分学生的学习效果应该很好，我几乎不能接受眼前这个事实。但我努力调整了心态，着重表扬了80分以上的12名学生，并要求各组长把这些学生获得表扬的情况写进“综合素质本”，让他们周末回家与家长分享喜悦。对及格的学生我鼓励他们再努力一点，向优秀看齐。对于没有及格的学生，我要求他们多注重分散记忆，我将随时检查他们的英语学习，希望他们到时能够过关。

星期三上午，在教师宿舍楼我遇到教英语的蒋老师，寒暄几句后我提到英语听写这件事。蒋老师是本校较好的英语教师之一，这学期我任初一班主任，费了很多口舌才争取到让蒋老师教我班英语。我说这些学生太不像话了，没有认真学习，导致听写情况这么差。蒋老师却淡淡一笑，她说：“这次听写情况很好啊!”蒋老师见我有点吃惊，好像不太明白其中的意思，就解释说：“学生在小学没学过英语，目前对音标一点儿也不熟悉，这次听写的单词和短语是任意选取的，所以对于学生来说难度很大；去年我曾在自己带的班做过类似的试验，全对的只有两三个人，提不起笔的学生就近20人，你班的学生最差的都能写对3个，这已经相当不错了。”听完蒋老师的话，我心里悬着的那块大石算是放下了。蒋老师还说，从目前学生学习英语的积极性来看，她很满意，感到教起来比较轻松，她感谢我为英语学科的付出。

尽管如此，我还是感到有不尽如人意的情况，比如在小学里学习基础很好的几名学生居然也在不及格之列，比如蒋华（20 分）、青静（45 分）、苗迎夏（50 分）。星期一中午我去了解了情况，蒋华和苗迎夏很快承认了他们双休日回家根本就没有看书，青静则说她觉得记英语单词有困难。对前者我简单地批评了一下，对后者我给予了鼓励，并谈了一些学习方法。然后我给他们布置了任务——下午放学前必须听写过关（及格以上）。

下午第四节自习课，我让他们拿着笔和本子在讲台上听写（相同的内容，只是次序换了一下），其他学生做作业或看书。这一轮下来，蒋华得了 85 分，苗迎夏得了 90 分，青静得了 80 分，都过关了，我要求他们下去之后简要地总结一下教训和经验，下次要争取一次过关。

星期四晚自习前，我让剩下的 12 名学生在周围找一个写得较好的同学当小老师念单词，他们写，这一次下来，又有 8 名学生过关。还有 3 名学生，基础确实太差，我给他们降低了要求，可以每次听写一半，听写两次，再把对的加起来。其中有一个学生很兴奋，他说："老师我保证明天过关。"我微笑着说："那我等你的好消息。"其他两名学生虽然没有表态，看起来又高兴又着急，但我已经知道他们至少还没有放弃英语学习。

不抛弃、不放弃，既是我们班主任对待学生的态度，也应该成为学生学习的态度。

孩子，不要觉得骂人很好玩

晚自习第一节下课，我在讲台上坐着休息，小瑶走到我跟前，对我说："老师，小华骂人。""是吗？他怎么骂的？"我问。以前也有学生也来说过类似的事情，"骂人"有的是侮辱了别人的人格，有的却是开玩笑，所以我这样问她。"他不是用嘴骂的，是写在本子上骂的。"小瑶很小声地对我说，"他骂得好难听。""你看过了？"我又问，她点了点头。"那个本子还在课桌里呢！"小瑶告诉我。

在小瑶的带领下，我来到她的同桌小华的课桌旁，很容易就找到了那个本子。我回到讲台上，看小华是如何骂的。小华的字迹写得很潦草，从题目到正文，所写内容简直不堪入目，全都是骂小瑶母亲的。有几个学生想凑过来看，被我阻止了。我问小瑶："他骂你之前你们发生什么纠纷没有？""没有啊！"小瑶说。"他是什么时候写的？"我又问。"今天下午第三节音乐课自习时。"小瑶答。"你受委屈了，先下去吧！我会批评教育小华的。"我对小瑶说。孩子毕竟是孩子，小瑶告了状，满意地和别的同学玩去了。

小华这个孩子，在他读小学时我就听说过，人挺聪明，学习成绩很好，但就是有一些不良习惯，包括骂人。如果他的思想真的这么不纯洁，那么这对于他的健康成长来说是很危险的。我又看了看那张演草纸，上面有英语单词、数学算式，这是属于学习的本子，加上右下方那段"黄色下流"的文字，正如小华本人一样。我必须想办法把那段文字从那张纸上删去，换成学习方面的文字，这样才能还原那张纸应有的纯洁。换句话说，就是要把小华思想中那些不健康的成分去除……正在我沉思时，上课铃响了，学生陆陆续续进了教室。

"小华，上来！其他同学先做语文练习册。"我一边命令小华，一边给其他同学布置了学习任务。看我那么严肃，小华先是有些惊愕，走到讲台边，脸色就有些煞白了，他看见了讲台边躺着的那个演草本。以他的聪明，怎么会不明白骂人这件事被我知道了呢，而且证据确凿。我把他叫到教室外的走廊上，他自知理亏，低着头等挨批。"小瑶招惹你了？"我问。他摇头。“那是为什么?”我继续问。“只是……好……玩……”他吞吞吐吐地说，“老师，我错了。”他又壮着胆子补充了一句。“知错是一回事，但有些事知错都来不及，还有些事做错了能反映出一个人的思想品质，比如你骂人骂得这么下流，思想存在严重问题。”我严肃地说。“老师，我真的只是为了好玩，其实我没有那么坏的，请你相信我。”他再次强调是为了好玩。“就算你是为了好玩，可这事要是被班上其他同学知道了，他们会怎么看你？要是被小瑶的妈妈知道了，人家不把你家吵翻天才怪。还有，要是我把这件事告诉你父母，你……”我故意没把话说完，还扬了扬手中那张充满“污言秽语”的演草纸。或许是因为意识到自己的错误，或许是因为担心小瑶的妈妈找上门来，或许是因为害怕被他父亲教训，总之，小华的眼泪掉了下来。就在上一周，他还因为家校联系本上有违反课堂纪律的内容被他父亲狠狠“K”了一顿。“老师，我再也不敢骂人了，我一定好好反省，让自己的思想……思想……纯洁起来。”他泪眼婆娑地望着我，诚恳地对我说。“看你改正的决心这么大，那我就给你一次机会——这骂人的纸条暂时放在我这儿，我们约法三章，如果一个月内你不再骂人，而且各方面表现也能令我满意，那我就把这纸条还给你，就当什么也没有发生，否则——”我顿了一顿，“你知道我会怎样做的。”小华重重地点了点头，同意这个意见。

回到教室后，学生继续做作业，我批阅学生的周记，恰好改到小华的“自我介绍”。他写到自己的爱好是唱流行歌曲，为了说明爱好，他写了一件具体的事：有一次上课途中感觉无聊，他便哼唱一支歌，直到下课。这孩子的思想果然存在问题，他没有意识到上课这么做是不对的，只是一心表达他的喜爱。我给他写下了批语：“喜欢唱歌没有错，这可以增加一个人的情趣，可是要看场合，课堂上哼歌不但影响自己的学习，也违反了课堂纪律，所以一个人做事应先考虑后果。”在周记的末尾，我先列举了他的一些优点，又特意指出他是一个聪明的孩子，但是他现在已经成为中学生了，一方面，我提醒他要提高自制力，另一方面，我告诉他思想是否健康也决定了一个人将来能不能真正成才，我相信他会作出正确的选择。

改完周记后，我把本子马上发给了他，我发觉他看得很认真，但愿我和他这种无声的交流也能起到一定的作用。我也希望，他能在一个月后领回并销毁那张纸。

我故意弄丢了成绩册

这学期我所带的班进入初中三年级，部分任课教师作了调整。如果按照我和大部分教师以前的经验，我会主动抽时间给每位任课教师较为详细地介绍学生情况，如班上哪些学生最有潜力、哪些学生学习成绩差、要重点防范哪几个调皮的学生等。“口说无凭”，我还会把上学期期末的成绩册复印出来，边说边做符号，让任课教师加深印象。

可我在这学期开学前曾反思过我以往的做法，如果让“优”和“差”在老师的心里形成一种定势，这就对表现“差”或成绩“差”的学生极不公平，极易让“差”的一直“差”下去。

开学后几天过去了，任课教师见我没有动静，便纷纷向我来索要上学期期末成绩册，我说：“哎呀！真不好意思，我把成绩册给弄丢了。不过，我会赶快让班长弄一个座次表出来，让你们尽快熟悉学生。”

新学期，应让学生有一个新的起点、新的表现。班会课上，我把这个想法和做法告诉了学生，以前表现好或者不好，那是以前的事，我们应该着重看现在、看未来……在给学生讲这些道理的时候，大家都认真地听着，有几个以前调皮的学生神情振奋，有些学习基础不好的学生目光中充满了期待。我知道他们的内心已掀起了波澜，他们仿佛看到了未来的希望和光明，我需要的就是这种效果。

隔了几天，化学老师问我：“抱作业的那个学生就是化学课代表吗?”“不是，那是副班长，语文课代表，我临时指定抱化学作业的，化学课代表正等着你定呢!”我说。“小强怎样?”他问我，“从这几天的作业看，他写得很认真，课堂上答问也积极。”“这孩子挺聪明的，还可以吧!”我说。“那就让他来当化学课代表。”化学老师拍板了。

我心里乐了，原来小强人是很聪明，可就是作业马虎，上课还经常违纪，成绩一般都是中等偏下，没想到化学老师居然把他相中了。

我找到小强，说明了此事，小强非常高兴也很感动，但还有一些担忧：“老师，不知道我能不能胜任。”“就这样表现下去，不就可以了吗?”我给他打气。

小强果然不负众望，第一次化学测验就考进了前三名，更重要的是再也没有其他任课教师反映他这不是那不是了。

性格内向的小英获得了政治老师的青睐，说她不但发言口齿清楚、声音洪亮，而且思考全面，适合做课代表；历史课代表由小明担任，老师发现他组织能力强、负责任。这两个学生以前在班上都是默默无闻的，没有当过任何“官”。

这次我和新任课教师“专制”了一回，由任课教师“指定”课代表。如果按照民主选举的方法，他们3个人不可能有机会当选为课代表的，由自己的表现赢得了任课教师的信任，这是对他们最大的奖赏，也是激励他们进步的最有效的方式。

还有很多学生，都得到了任课教师的指名表扬，理由是“爱提问”“对老师特有礼貌”“学习方法好”等。这些表扬由于落到了实处，恰到好处，将成为他们前进的不竭动力。学生也反映，这学期的任课教师对我们班的学生特别好，包括以前的任课教师都认为我们班班风和学风更好了，学生也变得非常有信心。

这是我这个当班主任的最希望看到的局面。我庆幸，当初没有让新来的任课教师对某些学生产生“先入为主”的想法，给了那些“差生”和学习基础不好的学生一个新的成长机会。

会合作才能成功

国庆假期前一天下午，学校为庆祝建国六十周年进行了文艺会演，节目中有小品、诗歌朗诵、合唱、舞蹈。为了尽可能提高节目质量和激发学生的参与热情，每次文艺会演学校都要组织评奖。作为班主任，我带领班上学生一起欣赏台上演员的精彩演出，同时又准备着为本班学生的演出加油喝彩。

和我们同年级某班的舞蹈节目开始表演了，他们一共有5位演员，其中主演的那个学生舞蹈基本功很不错，令观众叹服 。然而其他4个演员不但舞蹈动作少，而且配合一点儿也不默契。显而易见，这是缺少训练的结果。坐在我旁边的一名学生告诉我，这几个学生是最近几天临时组合的，原先参加的学生已经退出了，据说她们是因为吵架而退出的。我不禁为她们感到惋惜，这个班应该为大家带来更多精彩，也应该是我班的主要竞争对手之一。果然，她们的得分不理想。

轮到我班的学生出场了，我班参加演出的7名学生精神状态非常好，动作整齐，展现了她们的青春活力，抒发了她们奋发向上的精神。后来，我班学生无可非议地夺得了本年级舞蹈类节目第一名。

荣誉只不过是演出的副产品而已，我认为最大的收获是使更多的学生懂得了团结、合作和谦让的重要性，在这方面，我曾经付出过惨重的代价。我还清楚地记得那是我上一届的学生，同样是在进入初中以后的第一次舞蹈排练，我了解到铃和超两名学生都是“舞蹈高手”，所以我放手让她们去训练。那次演出，我们获得了二等奖，这个结果还是比较令人满意的。可是铃和超对此都不满意，后来我才知道，她们在排练时产生了分歧，你不听我的，我不听你的，两人本来是很要好的朋友，却因此产生了极大的矛盾。更为严重的是，两人的矛盾不断升级，而且在她们的影响下班上的一部分女生分成了两派，影响了学习。后来我多次努力地进行了调解，然而由于她们彼此伤害太深，虽然她们已不再吵闹，可是还是形同路人。到中考时，原本极具潜力的铃和超都只考上了普通高中，为她们分成两派的女生中没有一个考上重点高中的。对这件事，我常常自责，要是当初我早发现早介入，就不会让她们的矛盾升级了。铃和超升上高中后没有分到一个班，但愿原本聪慧的她们能在高中大展宏图。

有了这次深刻的教训，对这一届的初一，我提高了警惕。在对新生进行了解后，我知道本班艳、迎和琦3名学生都曾经是小学时的文娱委员，是唱歌、跳舞的“专业人才”。学校通知各班要准备节目庆祝国庆后，我把铃和超的故事讲给了班上同学听，我说不希望这个故事重演。然后，我把这个重任交给了那3名学生。

不久，琦首先真诚地向我提出了这次她不参与策划组织甚至不参与演出，她说自己有些独断专行，害怕到时控制不了自己，等她改正了这个缺点后再参加。通过交谈，我确实掌握了她不是由于赌气而不参与，了解到她的心态，便同意了她的请求。

两天后，迎和艳一起来向我汇报，迎说这次由艳主要负责编舞，她还是会提出意见和建议的，至于采不采纳，最终由艳这个“总指挥”说了算。迎不等我开口问又笑着告诉我这是她俩认真“研究”后作出的决定，让我不要担心有什么不愉快的事发生，原来她们早已揣摩透了我的心思。接下来我们一起挑选演出队员，主要按照自愿的原则，一共挑选了8名学生参加。

几天后，队员之一的莲在中午突然跑到教室来找我，说她不参加排练了。我心里一惊：莫非她们又发生什么事了？我问莲是怎么回事，莲说在排练中她一点儿也找不到感觉，效果很不理想，因而她主动向艳提出这次不参加了，下次有机会再来。莲虽说是面带微笑对我说这番话，但我还是可以看出她有些淡淡的失落。我说：“莲，你可要实话实说，如果是艳她们故意为难你，我会批评她们的。”莲再三声明是自己主动提出来的。我还是不放心，让莲回去后，我马上到训练地点去核实情况。艳说莲因为老是学不好其中的几个动作，害怕影响了大家而主动提出退出的，她们也对莲进行了挽留，并表示愿意耐心地指导她学好动作，可是莲去意已决，她们也没有办法，正准备向我报告呢。莲的退出不是因为同学间的不和，我就放心了。我问艳还需不需要增添新队员，艳说不需要，只是把队形稍微调整一下就行了，所以演出那天我班的队员一共是7人。在以后的排练中，有时我会去看一看，有时会找艳、迎或其他队员聊一聊，不但了解练习情况，更重要的是掌握她们的思想状况，一直到演出，一切都很正常，我才大大地松了一口气。

演出结束回到教室，我们热烈祝贺并感谢参赛的队员，感谢她们的辛苦付出，感谢她们为班级争得了荣誉，同时也表扬了琦和莲的顾全大局。

我想，有了这次舞蹈排练的基础，初中三年学校每学期至少一次的节目演出就不会让我操太多心了。更重要的是，我也让学生从一进入初中就懂得了“团结就是力量”“合作才能成功”的道理。

机智应对教育中的问题

美国首都华盛顿广场的杰费逊纪念馆大厦年久日深，建筑物表面斑驳陆离，后来竟然出现裂痕。虽然政府采取了很多措施，但仍无法遏制其破败的趋势。后来专家调查发现：冲刷墙壁所含的清洁剂对建筑物有酸蚀作用，而该大厦墙壁每日被冲洗的次数，大大多于其他建筑，受酸蚀损害严重。

但是，为什么要每天冲洗呢？因为大厦每天被大量鸟粪弄脏。为什么这栋大厦有那么多鸟粪？因为大厦周围聚集了特别多的燕子。为什么燕子要聚在这里？因为大厦上有很多燕子爱吃的蜘蛛。为什么这里的蜘蛛多？因为这里有很多蜘蛛爱吃的飞虫。为什么这里飞虫多？因为飞虫在这里繁殖得特别快。为什么？因为这里的尘埃最适宜飞虫繁殖。为什么？尘埃本无特别，只是大厦里充满从窗子照射进来的阳光，形成了特别适宜飞虫繁殖的温床。大量飞虫聚集在此，以超常的速度繁殖，于是给蜘蛛提供了美餐，于是燕子飞来了……

无须复杂的措施和方法，无须耗费较多的钱财和精力，解决问题的方法非常简单：拉上窗帘，挡住过分充足的阳光。但简单的背后包含了深刻的道理，即先揭示问题的本质，然后巧妙选择解决问题的角度。班主任工作是一门教育艺术，它充满创新的空间。班主任工作需要面对一个个活生生的个性不同的人，极富有挑战性。班主任工作要做好之所以不容易，是因为对不同的学生没有固定的教育模式，班主任必须拥有教育智慧，巧妙运用已有的教育经验，适时把握教育契机，才能取得最佳教育效果。

由于学生是成长中的人，总会出现这样那样的问题和错误，班主任要尊重学生，同样也要适时惩罚学生。教师对学生的惩罚，应该以不在人格上和自尊心上对学生有伤害和侮辱为前提，以《未成年人保护法》等法律法规为底线，可以根据实际情况采取以下几种方式：劳动式惩罚，如打扫教室；检讨式惩罚，如写出违纪的过程；补偿式惩罚，如罚其道歉；限制性惩罚，如不让其参加最想参加的活动或比赛；责任制惩罚，如罚做适量的作业；曝光式惩罚，如在班上点名批评；扣分式惩罚，如对严重违纪或屡教不改者扣分，等等。

对学生的任何惩罚都是方式而不是目的，教师绝不可滥用，一定要在调查清楚真实情况后，本着教育学生改正错误的原则使用。对偶尔违纪的学生和多次违纪或严重违纪的学生的惩罚应加以区别，对小学生和中学生的惩罚应加以区别，对不同个性学生的惩罚应加以区别，必须掌握好惩罚的“度”，尽量用最轻的惩罚达到最佳的育人效果。

以罚站为例，一要确定让学生站的方向；二要把握好地点；三要掌握好时间。罚站时最好让学生面向黑板的方向，这样才不会让被罚的学生过分尴尬，不会较大地影响其他同学，同时也利于教师监控，有利于学生继续听课学习。罚站的地点可以在座位上或者教室后边，切忌让学生站到教室外，一般也不让学生站在讲台上，否则容易引发被罚的学生和教师的对抗。罚站的时间不必过长，让学生站几分钟，只要表现良好就说明他已经意识到自己的错误了，就可以让其坐下。至少在下课前要安排学生坐下，以表示对他的惩罚已经结束。罚站要让学生“站”得心服口服，从而让学生感受到班规校纪的严肃性，让学生感受到“纪律面前人人平等”。

再看对学生的批评。有的班主任在批评学生的时候讲了几句重话，结果学生不但不接受批评，还故意顶撞班主任。一些“老”班主任也感慨不已，说现在的学生越来越不好管。批评时，即使他们没有当场顶撞，可是也没有什么教育效果。的确，有些班主任对学生跟得紧，发现问题也做到了及时批评，也采用了一些惩罚措施，但是效果并不明显。

情形一：中午自习中途时，班主任悄悄地走进教室，学生正在小声地谈论什么，班主任不禁勃然大怒：纪律问题天天都强调，要求自习时要保持安静，可这些坏小子，只要没有老师守在教室就安静不下来……班主任板着脸走进教室，大喝道：“全体起立！今天中午就给我站着，谁都不准讲话……”

情形二：上课前，小组长来办公室找老师，她很委屈地说：“老师，我们组上的男生我管不了了，早上扫卫生区时他们只拿着扫帚做样子，叫他们扫也不扫，我怕你生气，以前没给你说，可好几周都是这个样子。”老师说：“我知道了，我会处理的，你下去吧！”老师随即来到教室，先是狠狠地把这组男生批评了一通，越说越生气，最后宣布惩罚方式：从明天起，由每个男生单独扫一天……

情形三：任课教师来反映情况，小强同学上课不是找周围同学讲话就是打瞌睡，请班主任帮着教育一下。班主任一听就火了，这个小强，保证书才交没有几天，老毛病又犯了，今天得好好修理他。下课后，班主任带上小强写的保证书去找小强，先让小强念保证书，最后是这样一句“若是再犯，任由老师处罚”，老师听到这里说：“好，你又严重违纪了，马上到操场去跑10圈……”

这样的情形还很多，有学生不交作业，罚他抄若干遍；有学生穿拖鞋，把他的拖鞋扔出教室；有学生进网吧，让他立即把家长叫来……甚至觉得学生犯的错误不可饶恕，便让其蹲马步或者一个耳光扇过去，结果班主任还给自己带来了不必要的麻烦。

那么，如何批评学生才能既起到教育学生的作用，又不引发学生的反感呢？笔者认为，班主任在处理学生违纪违规时要善于“冷处理”，因为有些话说出去便收不回来，就算收回来了也降低了自己的威信；有些严重的体罚也是在极度冲动的情况下做出来的，到时后悔也晚了。所谓的“冷处理”，指班主任在听说或一发现问题时，要稍微间隔一段时间，让自己冷静下来，先弄清事实，并思考如何教育如何处罚才最恰当，然后心平气和地去批评教育。这样才有可能最大限度地发挥班主任的教育智慧，同时也给予了学生自我教育、自我改正的机会。班主任要经常告诫自己：学生所犯的错误没有什么大不了，学生犯错也是很正常的，否则他们就不是学生了……

对上面三个情形，班主任可以进行“冷处理”。

情形一：班主任不妨在教室外多听听，或者找班干部了解一下，再根据情况处理。如果是大部分学生不自觉，那就是班风确实不好，全班受罚也无济于事。班主任可召开包括组长、课代表在内的班委扩大会议，让这一批“骨干”先自觉起来，然后由他们带动全班守纪。如果一些学生是在小声地讨论作业题，只有极个别不自觉的学生趁机“摆龙门阵”，那便对个别学生单独教育即可。实施“连坐法”教育的方式即“少数人犯错，全班受罚”要不得，它将打击部分没有犯错的学生，对他们极不公平。

情形二：这个小组长提供的情况应该很真实，可卫生区的打扫一般是由各小组轮流负责的。让这个小组的每个男生各打扫一天，一是卫生区的面积较大，一个人打扫有可能完不成，这样会激发班主任新的怒气，即使完成了也会耽误其吃早饭或上课；二是这样剥夺了其他小组学生劳动的权利和义务。总之这样做得不偿失，不如改由下次轮到这个小组扫卫生区的时候罚其男生打扫一次，这样就较准确地把握了惩罚的力度。

情形三：班主任应给小强申辩的机会，让他自己描述找同学讲话的过程或打瞌睡的原因，师生共同寻找克服屡次犯错的方法，如调换位置，让他佩服的一个学生干部提醒和监督；如让他定期主动地给老师汇报学习和纪律情况；如让他尽量在课堂上得到任课老师的表扬等。即使要对他进行惩罚，也要让他完全认识到自己的错误后心甘情愿地受罚。

教育学生，班主任还要善于与家长打交道，利用好家长校访这样一个机会。家长到学校与班主任互相反馈学生信息，与班主任家访互为补充，加强教师和家长之间的沟通，使家庭教育和学校教育有机结合。首先家长到校后班主任要热情接待，面带微笑，和家长握手，有礼貌地说欢迎到校之类的话，这样能给家长留下良好的第一印象。其次是谈话的地点要随意，班主任可以征求家长的意见，很多时候家长不准备长谈，往往喜欢就在操场、办公室外的走廊上交流，没有旁人干扰，家长会感到轻松自在。再次，开始谈话时班主任可以故意“跑题”，不和家长直接谈论学生的学习和表现情况，拉一拉家常，如问一问家长最近的生活情况、生产（工作、生意）情况、与孩子相关的其他话题，然后引入正题。最后，班主任先说学生的优点，如孩子聪明、懂礼貌、爱劳动等，事实上每个学生确实也有优点；接着委婉地指出孩子的缺点和不足，如因为以前的学习基础差，虽然很努力，但学习效果不是很理想；同时也注意认真倾听家长的说法，如以前学习基础如何、在家里如何不爱学习等。班主任应边听边给家长提出实质性的建议，如某某家长是怎样管理孩子的、哪些方法适合您等。在交流过程中，老师要表示出对学生的教育有足够的耐心和较大的信心，让家长知道，无论如何自己的孩子将来会有出息。这样，班主任很自然地和家长达成了一些共识，教育学生目标更明确、更有针对性。最后和家长告别时，家长明白了在家校双方共同努力下，学生的学习和行为表现会有更大进步，怀着愉快的心情离校，主动校访的次数增多。当然，当学生确实出现了较大的问题，教师也有让家长被动校访的时候，也可能遇到极少数蛮横无理的家长，那时教师就更加注重有理、有利、有节，较圆满地解决问题，避免与家长发生正面冲突。

有人把教师分为四种类型，即智慧爱心型、爱心疲劳型、疲劳良心型、良心应付型。班主任要做智慧爱心型教师，机智地应对教育中出现的各类问题。

巧妙惩罚没有完成家庭作业的学生

国庆长假回来，我很早就来到教室，让各小组长检查作业，然后向我汇报，结果没有完成作业的有13人之多。我的怒气直冲脑门，心想，这些学生真是太不像话了！刚进初中，居然连家庭作业都不能完成。

放假前的那天，我把语、数、英三科作业全部写在黑板上，让每个学生用纸抄下来。我还特别强调家庭作业要每天做一些，每完成一项作业就在那张纸上作一个记号，把作业化整为零，就不用在假期的最后一两天赶作业了。因为这段时间有一些“打毒针”传闻，学校要求学生尽量不要外出，所以这次作业布置得较多一些。

我很严肃，让这13名学生站起来。教室里，全班学生都凝神敛气，站起来的学生更是低着头，正等着接受我的批评和惩罚。我环视了一圈，发现有几个坐着的作业完成了的学生眼里都露出了畏惧。我脑海里念头一闪，紧接着深深地吸了一口气，让那股怒气化为了乌有。我是一个有着多年班主任工作经验的人，而且平常自诩学习和接受了很多新的教育观念和方法，我应该明白，对学生发脾气起不了多大作用，况且在怒气下对学生的惩罚多半是不明智的，话说出去之后也难以收回。

想到这，我的神情渐渐变得温和起来，先对站着的学生说：“你们先坐下，究竟是怎么回事，今天中午我会一一调查清楚，然后再作出处理。”等13名学生坐下之后，我又接着说：“这次长假的作业确实比较多，但是我们班上仍然有50位同学保质保量完成了任务，我建议我们为这些同学鼓掌。”大家的掌声立即响了起来，这时，我发现很多学生都露出了笑容，他们的内心正在感受完成作业的喜悦。再接下来，我让各组长把认真完成了家庭作业的学生的情况记录在家校联系本上，算一次表扬，本周末让这些学生回家报喜。大多数学生立即活跃起来了，纷纷拿着家校联系本到组长那儿记录去了，我也心情愉快地走出了教室。

对于一个班，我们不能老是对那些少数表现不好的学生担心、忧虑和着急，也不能老是想着如何教育、如何惩罚他们。换一个角度看，班上不是还有大多数学生表现得很好吗？不是还可以通过表扬这些表现好的学生去带动那少数学生吗？对于学习也是如此，一个班的学生表现不尽相同，这正如树上的果实有大有小。这样一想，我们的心情自然就愉悦了，灿烂的笑容也可以时常挂在我们脸上。

中午自习，我一一检查和询问了13名学生的情况，其中有9名学生只是少数题目没完成。对于那些“难题”，我以前也说过宁可空在那儿，也不能去抄袭，这其实情有可原。根据情况，我马上给他们指定了帮助人（学习基础较好的学生），帮助他们解决这些难题。还有两名学生，以为语文练习册已经做完，就放在教室里没拿回去，谁知返校检查后，才发现还有两课没做，他们保证以后不再粗心大意，并主动请求补齐。

剩下的两名学生才是真正没有认真对待作业的学生。有一个女生，6篇日记都没有写，而她父亲前几周刚来过学校询问她的学习情况。我对她说：“你爸爸每次来老师都说你表现好，既能按时完成作业又基本上没有违纪的现象，你爸爸再来，我会把情况如实地向他反映。”她点了点头。在我耐心询问下，她才说出了没有写日记的原因，她说她以前写的日记很短，这次老师要求了每篇不少于400字，自己被吓住了，所以一个也没有写。原来她是一个在学习上害怕困难的学生，我鼓励她不要怕困难，否则学习上会一无所获。我再细致地给她讲了写日记可以写哪些内容，并让她根据我讲的情况下去写一篇日记，无论长短，不管好坏，都交给老师看，然后老师再依据日记给她具体指导，等坚持两天，学会写较长的日记后，再通过写周记或写作文的形式把今天的作业补齐。她发现我没有为难她，欣然地答应了。

最后这位男生才是最难啃的骨头，他可是一点儿作业也没做。刚开始，他的理由是那天记作业的纸条丢了，他说他还去问过班上某位同学该做哪些作业，可是她不告诉他。从他闪烁的眼神中，我看出了他是在撒谎。同时，我对这名学生的家庭有一些了解，前不久的一天，他奶奶来找过我，说这个孩子从小就是她拉扯大的，他的爸爸和妈妈已经离婚，他被法院判给了爸爸，可是他爸爸又组建了新家庭，又带了两个孩子，对他一点也不关心，无论是生活还是学习，都从不过问。我说：“你的家庭情况我了解一点，你能具体给我说说吗？”他很诚恳地给我讲了家庭情况，所说的与他奶奶所说的基本上吻合。我说：“你作业一点儿也没做，我不打你也不罚你，但你要诚实地告诉我真正的原因。”或许是他本身就是小孩子，或许他被我的真诚所打动，他说出了真实的原因。原来每到放假，都有几个行为习惯不良的孩子约他玩，要么打游戏，要么打牌，要么打桌球，有时还打架。上次在小学厕所里发生的学生群殴致使一个小学生丧命的事，他差点就参与了。他说他其实不想和他们在一起，可是要是不去，就会被打。我说：“现在是法制社会，只要你真心不去和他们鬼混，他们真的打了你，就可以告诉我、他们的班主任和家长，甚至还可以向派出所求助。而且你很聪明，你可以想办法委婉地拒绝他们，或说被现在的班主任知道了，后果很惨，比如说自己要做作业，上次没完成作业差点就读不成书了，等等。”我还告诉他，根据他现在的家庭情况，更应好好学习、好好做人，否则极有可能走上不归路，他说他会下决心改正。我说：“我会关注你的，有什么困难或麻烦就来找我吧。”

我知道，对于这个孩子，使他能成为一个合格的中学生就很不错了，不要说在学习上提较高要求了。我也知道，他的行为习惯不是一朝一夕就能改变，反复中能不断进步就很好了。对他的教育，我必须要有更大的耐心。

发挥舆论的教育监督作用

今天星期二，下午第二节下课后，明雨芳、李艳等几名女生来告状，明雨芳说："老师，你把小文的座位调开，好吗？"

"为什么呢？"我问。

"他经常说脏话、骂人。""他还做下流动作。""他上课不听讲，有时还干扰我们听课。"几个女生七嘴八舌地说。

"哦，是这样啊，那找个同学去把小文喊来。"我说。

"我去。"李强主动请缨，边说边跑出了教室。

我一边和这几位女生聊着小文的情况，一边在心里盘算。这个小文，看来的确让人讨厌，上周还有学生反映他骂过苗迎夏，那时我曾淡淡地说了他几句，他表示要改正，从今天学生反映的情况来看，"浪子并未回头"，而且还变本加厉了。同时上周五各组长公布的"学生综合素质表现"，小文的记录本上写着上课讲话、不认真完成作业、在宿舍里和同学打闹、不团结同学等情况，除清洁卫生表现的等级评价为"优"外，纪律、作业、与同学相处情况等被评为"良"和"中"的都很少，"差"倒是不少。他应该是班上综合表现最差的学生了，当时我还警告过他下周要改正，下周我将重点关注他的表现。我几乎忘记了这件事，无奈他这两天的表现又在"提醒"我。

李强动作迅速，很快就把小文从操场"捉"来了，小文进教室的时候有点惊慌，大概是李强已经简要地告诉了他今天要挨批，他又亲眼看到了几位女同学正在我周围，只得硬着头皮来到我身边。

教育小文这样的学生，本来应该在比较严肃的地点——教师办公室——作比较严肃的处理，不过，今天几位"告状"人都在这儿，不少学生也围过来看热闹，我转念一想：何不利用集体舆论的力量。

于是我就在讲台上坐定，然后问小文："你知道是怎么回事了吧？"

他没有立刻回答我，对自己的"罪行"他是心知肚明的，想了一会儿，他突然涨红了脸，比较大声地辩解："她们几个女生还不是经常骂我，李艳还打我，瞧，我手上还有伤痕呢。""那还不是因为你骂我骂得太难听……"

李艳大声地反击。我摆了摆手，制止两人争论下去。

“那还是你受委屈了哦，我该批评她们、安慰你?”我故意问他。

他很有自知之明地摇了摇头，可是脸上已显露出一丝得意的神色，看来这样的批评他是很乐意接受的。

周围一些学生却议论起来，“他还会受委屈。”“他骂人不是一两次了，上次还骂过我。”“他还烦过某某同学。”听到大家的议论和谴责，小文脸上的那点得意早已消失，他又惶恐起来。

还不断有学生在“控诉”他，他突然接着大声：“你们不要说了，那天，符琦琪还喊我外号，你……你们……是在侮辱……侮辱我的人格……”说到后面，他似乎有些激动、有些伤心，竟然流泪了。

“可是，你以你的外号为荣啊！很多学生喊你都很高兴地答应了。”符琦琪回答。“就是就是，他听别人喊他外号还很得意呢!”很多同学附和着。

“别哭了，小文，我们来个‘民主测评’。”我对周围的学生说，“你们大家觉得小文的所作所为不令人讨厌的举手。”一个学生很快把手举了起来，然后又很快放下去，这个举手的正是明雨芳。她问大家：“你们怎么不举手?”有人说：“老师是说小文不令人讨厌的举手。”明雨芳连忙向我解释说是她听错了。

小文见唯一的希望都破灭了，也不好意思再哭，惭愧地站在那儿等候我的“发落”。我正色对他说：“做大家都讨厌的人，这滋味不好受吧? 现在挨着你周围坐的同学都要求把你调开，可是哪个地方欢迎你呢?”

“老师，我知错了，我今后一定会改正。”小文虽然说得声音不大，但是大家都听到了。“那好，对于你的表现，下次我还会要求同学们来举手表决，只要有一半以上的同学说你改正得较好，就算你过关，否则，就别怪我‘心狠手辣’了。”我一边提要求一边“威胁”他。小文狠狠地点了点头。

我又对大家说：“今后大家就不要叫小文的绰号了，他已意识到这是对他人格的侮辱。”后面几个字我说得很重，大家会意地笑了。

接着，我又请李艳、明雨芳等学生再给小文一次机会。“好吧，我们听老师的。”她们几个欣然同意了。

最后，我叫小文下去，他向我行了一个礼，又突然间很懂事地转身向同学们行了一个礼……

这次教育，虽然没让小文写书面检查，也没有对他实施什么惩罚，可是很显然，我已经成功地把他未来的表现置于班级舆论的监督之下了。

欲加之"优"，何患无"法"

有这样一个故事。临下课时，为了让学生下课后能喝到热水，老师把饮水机的插头插到墙上的插座里，摁下开关。刚接通电源，插座处"哧哧"直冒火花，顿时发出一股焦味。大家慌乱起来，老师让学生撤离教室后去拔插头，却怎么也拔不出来。这时，一个学生挺身而出，用拖把柄把插头砸了下来……而这个学生，平时是一个经常打架、骂人、撒谎、逃学的"问题学生"，居然在最危险的时候与老师坚守教室，并主动协助老师排除险情，真可谓"患难见真情"。这件事不得不让老师重新审视他，内心深处为他打了一个大大的"优"。

不知怎的，教书多年的教师往往有一种共同的感慨：自己教过的学生，最尊重自己的常常不是当年最受器重的一些"千里马"，而是那些最调皮的或者是最不起眼的学生。虽然我们常有这种感触，但轮到当前所教的学生时，还是继续器重前者、忽视或轻视后者。

这是什么原因呢？

就主观因素来看，是荣誉、利益驱动着我们。评优晋级、奖金分配、领导家长同事的评价主要看学生成绩，学生则依据"梁山座次"被分为了三六九等，处在最末等的"一差而百差"，处在最头等的"一优而百优"。长期以来，"中等"及其以下的学生总是陷身于"自卑的泥淖"，找不到上学的快乐，失去了少年时代的美好。

自习课上，同样在说话，我们认为成绩好的是在讨论问题，成绩差的多半在"摆龙门阵"；清洁卫生区，同样在认真地打扫，我们认为成绩好的是爱劳动，成绩差的是只配劳动；在家里，同样是不尊重长辈，成绩好的叫做有个性，成绩差的叫做无可救药……这些都是因为长期以来教师形成了心理定势。

其实哪一个学生不想在行为上表现好一点、不想在学习上进步一点呢？可是"问题生"在表现好的时候教师看不到，表现不好的时候教师次次都看得到；"差生"努力听讲、积极上进时很难听到教师的表扬和鼓励，听不懂课开小差、屡遭挫折停滞不前时却很容易听到教师的批评和讽刺。

教育的宗旨是既要教学生做学问又要教学生做人，但在现实中衡量学生的只有前一个标准。这样的评价对学生是很不公正的。事实上，我们所教的学生不可能都能上重点大学，国家建设需要“精英”，更需要大批的普通劳动者。“七十二行，行行都得要人干，行行都可出状元。”无论是辍学的学生还是没有考上大学的学生，他们要么成为工人、农民，要么成为司机、商人，这个社会总有他们的“一席之地”，他们绝大多数都在自食其力，能够说他们没出息吗？普通劳动者从数量上远远多于“精英人士”，何况不但普通劳动者需要良好的道德品质，“社会精英”更需要，从这些意义上看，“学会做人”这个标准显得更加重要。

因此我们在评价学生时，不要仅仅从智力的角度评“优”，还应该从德、体、美、劳等多方面、多角度评“优”。每个学生都有“闪光点”，都有自己“优”的一面。

一个班除了少数学生学习成绩优秀外，多数是学习基础不好的学生和学习成绩处于中等的学生，我们也可以给他们找一个评优的理由。有的学生学习上进，有的学生善于团结同学，有的学生热爱劳动，有的学生遵守纪律，有的学生是体育健将，有的学生是唱歌高手，有的学生是绘画人才……总之，欲加之“优”，何患无“法”。这样，每个学生都有可能成为“优生”，全体学生都能在学校的学习和生活中找到成功感和归属感。学生因某一方面被评“优”，这种“优”的功效可以被扩展、延伸和转移。以长跑为例，学生可将其中坚持的态度用于学习，将其中的冲刺等技术转化为学习方法，将其中的信心迁移到生活和学习中，等等。当学生确定自己被评为“优生”后，就会有自信、自豪的资本，会认真解剖自己，反思自己的缺点和不足并力求改正，从而主动地向“更优”的方向发展。

当然，给每一位学生都评优，我们的态度应该是真诚的，而绝不是“和稀泥”，也不是“一优而全优”，批评教育和表扬赏识要并行。因为学生毕竟是学生，“真善美”或“假恶丑”在每一个学生身上都可能体现出来，我们应重视引领学生逐渐形成正确的价值观、人生观和世界观，用思想指导行动，在各种行为中表现出“真善美”，让他们争做综合发展的“优生”。

认清“恐吓电话”的实质

袁老师当班主任多年，上学期遇到了一件难以想到的事情——家长打来恐吓电话！一天晚上，袁老师正在家里备课，电话响了。“你是袁老师吗？你这人真够可以的，你怎么能让胡一当‘三好生’呢？……反正胡一当上‘三好生’我就去告你！”啪，电话挂断了。袁老师内心充满了困惑，她不明白家长为什么用这样的方式和自己沟通，再说评选“三好生”还没有开始呢。

袁老师接到这个恐吓电话后，处理得很得体，通过解释让对方明白了胡一当“三好学生”是公平公正的，只要是稍微懂理的家长便不会再纠缠下去。然而打电话这个人虽然理屈词穷，却“坚持”不让胡一当“三好学生”，看来他的真正目标不是袁老师，而是胡一。

这里有一个问题，打电话这个人怎么知道胡一评上了“三好学生”？这个“三好学生”的名额是不是在学生升学时要加分？如果不存在加分问题，任何家长都不会无聊到找人来打恐吓电话的地步。况且打电话的唯一目的是不让胡一当“三好学生”，所以极有可能是班上某个学生请人打的这个电话。这个学生要么就是和胡一有较大的矛盾，要么就是一直非常嫉妒胡一，要么就是胡一这次评选的竞争对手。

明确了这些，袁老师便可着手进行处理了。要解决班级内部矛盾还是要依靠思想教育，也并不一定非要把这个学生“揪”出来，他请人打电话就是怕让别人知道。如果辩证地看待这个问题的话，学生出现错误之时也正是最佳的教育时机。因此，笔者建议袁老师不要在班上宣布此事，一方面可暗中委婉地和一些“嫌疑人”谈一谈，如能发现蛛丝马迹就进行个别教育；一方面对全班学生进行专题教育，确立如“如何消除嫉妒心理”“怎样正确处理同学间的矛盾”等话题。

也许一段时间后，“恐吓电话”事件自会“水落石出”，那时它既是大家的一个笑谈，也能增加教育者处理“意外事件”的经验、智慧和能力。

“走神”，一个小问题

河北郭老师今年带高三，班上学生小峰最近向郭老师诉说了自己的苦恼。原来，眼看高考越来越近了，小峰却不能心无杂念地投入复习，每天总觉得脑子里一片混乱，上课总也不能完全静下心来。他告诉自己“一定要集中注意力”，却完全不起作用，就好像自己的思想在受别人控制一样。在最近一次月考中，他的总成绩排在全班30名以外。为此，小峰感到非常烦躁。郭老师应该怎样帮助上课“走神”的小峰呢？

案例中小峰上课的走神有其个性特点，他和一般的学生上课走神不一样，一般的学生要么是因为学习基础差确实听不懂，要么是因为学习习惯不好不愿意认真听讲。小峰是自觉意识到自己上课不能集中注意力，并主动寻求老师帮助的，月考的事实也证明了小峰对自己的认识很清楚。正因为如此，郭老师才觉得小峰的求助是一个“难题”，对待小峰不需要像对待一般的学生那样“棒喝”，使之从道理层面体悟到走神的害处，进而端正学习态度或者在课前做好预习在课后做好补习工作。那么，如何帮助小峰同学走出走神的困境呢？

笔者认为，郭老师应让小峰明白，走神不过是一个小问题，没有什么大不了的。很多人在特定的环境中都会产生一些焦虑情绪，走神便是这种焦虑情绪的具体表现之一，这是一种正常的现象。比如，一些运动员在重大比赛的前一天晚上大多会失眠，但第二天正式比赛时仍然能发挥出他们的最高水平。因此，我们心里不要老是想着走神对自己的前途影响有多大，要走神就走神好了，反正在最终高考时会考出自己的最好成绩，这就够了。谈话以后，郭老师还可以找恰当的时机和小峰一起散散步，避开走神的话题，聊一聊他最感兴趣的话题，或者和他一起做一些他喜欢的体育运动。相信一段时间后，走神就会和小峰说再见了。

总之，在小峰面前，郭老师对走神问题表现得越不重视，小峰的思想包袱就会越轻。

给“难堪”搭个台阶

“陈老师，我的孩子成绩很差，是不是啊？”去街上买水果时，摆水果摊的李大姐很热情地问我。

“你的孩子？”我接手初二（1）班语文差不多两个月了，班上学生都认识了，但是认得的家长很少，所以不知道她是哪个孩子的家长。

“就是收摊时经常帮我推车……”

“哦，我想起来了，是那个高高大大的男孩，坐最后一排。”

“他上课用不用心啊？这孩子成绩差得很，给你添麻烦了。”李大姐的脸上虽然还挂着微笑，但我看出她的焦虑和难堪。

她的孩子叫阿文，第一次写作文时，只写了一个题目和开头；第一次月考，他的基础部分得了 7 分，作文连同题目写了几十个字，且错别字很多，几乎都是病句，我给了他 8 分；语文成绩总分 15 分，这是教多年语文从未遇到过的事。我没有在班上公布不及格的学生姓名和分数，包括阿文在内，也没有批评他们，倒是抽了些时间和他们一一谈心。轮到阿文，他低着头，红着脸，什么也不肯说，我只能鼓励他几句，就让他回教室了。

“他的学习基础确实很差，但是他上课很安静，从不违反纪律……”我一边思考如何把话说得委婉些，一边努力寻找他的优点。

“这娃儿就是老实，平时很少说话。”李大姐的笑容真的有些灿烂了。

“学习成绩只是一个学生的一个方面，你的孩子还很勤快，每天帮你收摊，节假日还帮你看生意，还是做生意的料呢。”我继续搭台阶表扬阿文。

“老师，你过奖了。这孩子，勤快倒还勤快，不过也是我逼出来的，在他小时候，也老想着玩，有一次……”李大姐双眼开始放光，向我滔滔不绝地讲述她的教子经。

我有时搭几句讪，赞扬她教子有方。虽然有恭维她的一面，但她确实也不容易，每天卖水果早出晚归，数年来如一日，如今还买了街房。

临走时，我向她纠正了“我是符老师，不是陈老师”，她向我连连道歉。

不久后，有一天傍晚，我和妻子散步，正逢李大姐和她的儿子阿文一人推一辆装水果的板车。阿文先看见我，很腼腆地向我问好。李大姐则很热情："这娃儿很少喊人，特别是对长辈和老师，我都教了他多少遍了。""还是很能干的，你看刚才他不是喊了符老师吗?"妻子在旁边说。李大姐一边笑得合不拢嘴，一边还训斥阿文："以后遇见符老师了，都要喊，知道了吗?"阿文有点不好意思地点了点头。

上学期期末考试，阿文的语文成绩考到了49分。那次作文是以"感恩"为话题，阿文写的是"感恩老师"，虽然仍然有一些错别字，仍然有一些语句不通顺，但他的态度很好，写得比较工整，刚好写满500字。感恩的对象就是我这个语文老师，大致意思是从小学到初中，他从来没得过老师的表扬，妈妈也没有在任何老师那儿得到过好脸色，可是，现在的语文老师却不同，在妈妈的面前说了他很多优点，还说他将来也会有出息，这让他们一家人很感动。他很喜欢语文老师，为此，他要努力地学习语文，尽最大努力不给老师抹黑。这篇作文得了29分。

阿文能有如此大的进步，出乎我的意料，主要原因在哪儿呢？我反复琢磨，终于想通了。这绝不是因为第一次月考后给他的思想教育和方法指导起到了作用，而是通过他母亲对他的表扬起到了作用。其实，那次和他母亲的谈话，表扬纯属偶然，只觉得每个孩子都是父母的宝贝，每个孩子都是父母的骄傲，不能因为学习成绩不好而对学生全盘否定，完全是为了避免家长的难堪。

给"难堪"搭个台阶，居然让阿文喜欢上我的课和我这个老师，让他对学习有了一点兴趣。看来，以后和家长交流时，我必须得把这种方法发扬光大。

怎样化解特殊家庭学生与家长的矛盾

中学生和家长两代人之间客观存在着“代沟”，所以或多或少会产生这样那样的矛盾，有的矛盾随着时间的推移和亲情的感化自然而然地消失了，有的矛盾在老师的指导和帮助下也可及时被化解，但有的矛盾却难以化解，导致孩子与家长长期“热战”或“冷战”，严重影响学生的健康成长。作为班主任，有必要关心学生家庭情况，及时化解学生和家长的矛盾，尤其是应多关注单亲家庭和特殊家庭。

小艳从小就被收养，养母及哥哥在外打工，养父在家看管小艳。据说养父也曾在外打工，但由于爱喝酒，有空就打牌，总是入不敷出，家人只得安排他回家。养父脾气暴躁，在家也不务农，除了钓鱼就是喝酒、打牌。自从上了初中后，小艳逐渐长大懂事，为了规劝养父，两人经常发生争执，这种不和谐之音常常充斥在家中。

一个周日的中午，小艳的养父叫她吃饭，小艳却忙着洗锅，没有理会养父。养父认为她又不听话，发火中忍不住打了她一下。小艳当然不服，父女俩大吵了一架，最后小艳摔门而出，第二周的双休日没回家。这一周的星期天，小艳的养父找到了我，通过交流，我才了解到小艳的特殊家庭情况。小艳性格内向，平时不喜欢与同学和老师交流，遵守纪律，学习认真，在我的眼里是一个很听话的学生。作为小艳的班主任，我有责任对他们父女进行调解。调解却没有我想象中的那么容易，即使我在场，小艳对她养父的态度也十分强硬，一反在校时“乖学生”的形象。

我说：“小艳，你不回家，可把你爸爸急坏了，今天他还给你带来了下周的生活费，可见他对你是关心的，你们父女俩好好地谈一下嘛。”

小艳态度强烈地说：“有什么好说的，他成天只知道喝酒，喝了酒就发酒疯、打人……”

家长说：“老师，你看……”

我说：“小艳，用这种语气、态度对长辈说话可不行。”

小艳语气未改，说：“他这种人不值得尊重，一天到晚还赌钱，上次输了一百多元，以为我不知道……”

家长火气很大，说："对，我不好，你亲生父母好，你干脆回到他们身边去算了，反正几年了你也没喊过我，我没有你这样的女儿。"

小艳说："我不回去，我还有妈妈、哥哥关心我。"

家长说："你又给你妈打电话了，告了我的状，是不是？你老实说，给你妈说了什么？"

小艳说："什么也没说，我只知道哥哥快30岁了，还没成家，你从来不为家庭着想。"

家长说："老子辛苦了大半辈子……"

尽管我从中再三劝导，但始终无法消除其间浓烈的火药味，我意识到问题的严重性，要想他们父女重归于好，不是三言两语或是在短期内就能做到的，看来除了要找到合适的教育方法和教育时机外，还得准备"打持久战"。

一方面，小艳的养父临走时，我让他注意两点：一是孩子都上中学了，无论如何不要再动手打她；二是应当少喝点酒、少打点牌。他给我诉苦："成天无所事事，不搞点娱乐这日子怎么过，不过，老师既然这么说，我就尽量克制。"最后我告诉他，只要他能改变一些，小艳的思想工作就由我来做，我随时打电话联系他，他表示赞同。

一方面，我思考该怎样教育小艳才有效果。在我冥思苦想之际，有一天晚自习一个学生在美文欣赏课上读了一篇《常回家看看》的散文，这让我找到了突破口。第二天中午，我找小艳谈心，小艳说她听懂了《常回家看看》，女主人公曾对父母有着刻骨铭心的恨，但长大后都能原谅父母。我还启发小艳：大人有大人的自由和空间，大人的事大人管，作为女儿能做到对父母孝顺就对了，作为学生做好自己分内的事；给母亲打电话时多说一说父亲的好，这才有助于缓解家庭矛盾……小艳的眉头渐渐舒展开了。

我发觉这段时间小艳心情较好，也许对这件事又有了新的认识和思考，就通知她的养父星期三来校。小艳的养父如约而至，我把小艳叫出来，悄悄提示她主动些。小艳的养父假装没看见小艳，只是和我打招呼，小艳走上前去，轻轻地问："你来干什么，爸爸？""我来看看你，不行吗？"小艳养父回答虽然大声但有些哽咽。那一刻，我分明看见他们父女俩的眼眶里都是泪水，这一声久违的"爸爸"，小艳的养父期盼了很多年。我适时地说："小艳，今后双休日可记得回家。"（小艳上次挨打以后，连续几周双休日都住在同学家不愿回去）小艳轻轻地点了点头，和我们交谈了几句，然后去上课了。小艳走后，她养父紧握着我的手连声说谢谢，并要请我去喝酒。我会意地一笑，他马上反应过来，不好意思地说少喝点就行了，我谢绝了他的好意。

之后，我不定期地找小艳谈心，问问和养父相处的情况；同时也加强了和小艳养父的沟通和交流，并善意地提醒他改正那些缺点。临近期末，小艳高兴地对我说，她觉得爸爸变了不少，她打电话给妈妈和哥哥说了情况，他们知道后很欣喜，说暑假回来好好聚一聚，说不定又允许爸爸一起去打工呢。

作为班主任，我对学生了解不够全面，关心不够，直至小艳和家长的矛盾升级才知道其特殊家庭情况，如果早一点发现，处理起来就简单有效得多，这给了我教训和经验。我的愿望是让小艳安心地读书学习，让她的养父养母放心地在外面打工挣些钱，让这样一个特殊的农村家庭唱响和谐之音，我会继续关注这个家庭。我觉得和睦的家庭对于一个学生，尤其对于小艳这种情况特殊的学生太重要了。其实我教的多数农村学生读大学的可能性不大，但他们仍然应该拥有温馨幸福的家庭，仍然应该拥有快乐美好的少年时代，他们将来也仍然会拥有崭新的生活，不是吗？

同任课教师“过招”

在班级合作中，班主任经常会遇到一些不尽如人意的各种类型的任课教师，班主任必须用机智和他们“周旋”，才能形成班级凝聚力。

有的教师教书态度是上完自己的课就行了，至于学生的学习效果如何，那是学生的事。他们认为苦累不值得，影响身体，甚至影响寿命。我曾听有的老师们算过一笔账，不管怎样，教学奖的年差额不会超过1000元（农村地区），但是多活一年，今后退休工资少说也有万把块钱，所以不如留点精力养老，只要教学成绩不是经常在片区倒数3名内就行。

很明显，这种教师明哲保“身”，缺少敬业精神，没有理想，没有追求，而班主任根本无权对其指责、干涉。如果向学校领导反映，不但解决不了问题，还可能引起不必要的矛盾。遇到这样的教师，班主任可充分发挥课代表的作用。在班上选两个成绩好、口才好、善交际的学生当他的课代表。平时，也要让课代表在课余时间跟紧他，如请他出几道题、请他自习课来辅导等。课代表“脸皮厚”一点，“能说会道”一点，就可以千方百计让他为我们班多“付出”一点。

一到期末复习阶段，有的教师眼看要考试了，就抓得较紧，尤其是初三最后一个学期。有时自习课，一个教师稍微去迟了些，另一个就已经在教室里了；一个前脚刚走，另一个后脚就进去了。这种情况刚开始弄得学生无所适从，过一段时间便怨声载道了。

对于这些任课教师的心情和热情，我非常理解。可这样下去，学生吃不消，其他任课教师意见也很大。于是，我说：“我们来定个‘君子协议’，你们在自习课时都不要到教室，就由我这个班主任去看看学生，学生做什么自愿。”接近毕业考试了，历史的背诵很重要，我就让学生多背背历史；我也会叮嘱学生，物理课上要认真听讲和思考，尽量争取高效快速地完成物理作业……这些老师终于点头认可，以后再也不争学生的自习课时间了。

有一个数学教师，大家都知道他的教学水平较高，讲课有条有理，但他性格温和，从来不管课堂纪律。因此，他所教的学生尖子生多，后进生也不少，总体效果不佳。对于他，还流传着一个典故。有一节课，他在讲台上津津有味地讲，几个学生在下面打闹，甚至把一张课桌都掀翻了，“轰”的一声巨响，其他学生都大惊失色，而他却听若未闻、视而不见，继续讲他的课。

得知他是我的合作伙伴后，我有意识地先在班上为他树立威信，告诉学生上一届的几个数学尖子生都是他一手栽培出来的，而且他还有一个最大的优点是从不训斥学生，这可是学生的福音，所以要“回报”他的话，一定要遵守课堂纪律。同时，我和他多次沟通，强烈建议他对不守纪律的学生点名，让班干部记录下来，到时由我去做教育学生的工作。那一届我班学生的数学成绩好得出奇，同事们也对他刮目相看。

总之，班主任应避免“孤军作战”，要善于分析任课教师的特点，帮助他们改进不足，利用他们的优点，想尽办法和他们携起手来“整体推进”教学，让所带的班团结向上。

把矛盾消融在课堂中

上课铃声刚响起，我正在黑板上板书课题“大道之行也”，小李急急忙忙跑进教室。突然，教室里的学生哄堂大笑，原来坐在讲台边的小王故意把脚伸出来，小李猝不及防，被绊倒在地。小李迅速地爬起来，脸通红，转过身就给坐在座位上的小王后背上来了一拳，然后坐下。小王可能被打疼了，立即站起来，提起凳子抡起来就要砸。

这时，我已走下讲台，呵斥住了小王，小王不服气地把凳子扔在地上。我叫旁边一名学生把凳子立起来，用双手扶着小王的双肩，让他坐了下去。

小王一副气呼呼的样子，小李的眼里却噙着泪水。见他们俩在课堂上可能不会再打起来，我宣布上课。介绍了作者和《礼记》后，我让学生先自由朗读。这时观察小李和小王，发现他俩心情都不好，哪有心思读书。我俯下身来，对小王说：“你看，你这个玩笑开大了，把人家弄得摔了一跤，人家很没面子，所以反击了。”小王没有作声，不反对就表明认同我的观点。转过头去，我又对第一排的小李说：“他的本意是开个玩笑，也没想到会把事情搞到这个地步，你也不必跑上去报复他啊，这样做会加深矛盾的。”小李望着课本，也没有反对，我知道小李现在最担心的是小王在课后再找麻烦，因为小王的个子比小李高大得多，小王也比小李顽皮得多。

学生自由朗读完毕，我指名学生朗读，然后大家点评，我顺势指导诵读。然后，学生分组翻译、展示、质疑。当讲到“讲信修睦”时，我说：“2000多年前的儒家所提倡的和睦，现在已被继承，我们倡导‘和谐校园’‘和谐班级’，然而，就在刚才，我们的班级和谐被破坏了。”大家把目光纷纷投向小王和小李。

我继续说：“那么，他们应怎样找回班级和谐呢？”

“都是玩笑惹的祸，我认为他们以后开玩笑要注意方式、注意场合。”

“事情都发生了，好在没有造成严重的后果，我觉得他们应该把小事化无。”

“他俩的关系本来不错，应该互相宽容，应该彼此都大度些，互相谅解。”

……

学生纷纷建言。小王的怒气渐渐消了，小李也逐渐恢复了平静。在后来的教学环节中，他俩还都发了言。

下课铃响了，宣布下课后，我问小王和小李，是选择写检讨、站办公室、扫地还是其他的方式表示接受了教育，过了一会儿，小王主动地向小李伸出了右手，小李立刻会意，把自己的右手握了过去，然后，他俩同时不好意思地笑了……

培养学生抗挫能力三部曲

第一，从道理上分析，让学生全面了解抗挫能力。

用正面的榜样引导。可以给学生举一些正面的例子，如海伦·凯勒，虽然耳朵失聪、眼睛失明，比常人的学习条件艰苦得多，但她没有被困难吓倒，经过奋斗和努力，成为一位了不起的作家、教育家。这样的人物有很多，国外的还有高尔基、法拉第、贝多芬、安徒生等；我国历史上有悬梁刺股的苏秦、卧薪尝胆的勾践、凿壁借光的匡衡、惨遭宫刑的司马迁，还有舜、傅说、胶鬲、管夷吾、孙叔敖、百里奚等，近现代的有齐白石、鲁迅、张海迪、华罗庚、史铁生等。我们身边也不乏这样的例子，如我校2003级有一个学生在读中学时，父亲因病去世，家境贫困，她没有受家庭不幸的影响，反而更加上进，在2006年以优异的成绩考入了北京师范大学。

用反面的典型警醒。有一些中学生面对生活和学习中的种种不如意，解不开心结，做出了一些让人痛心的行为。不少的学生面对各种困难和挫折，就埋怨自己无能或伤害自己的身体，慢慢走向自卑、自残的泥淖不能自拔。特别是近几年来，中学生因心理承受能力弱而自杀的事件屡见报端，这些学生不知道珍惜生命，不知道会给亲人们带来怎样的悲痛。还有一些学生把矛头指向自己的同学、老师或者亲人，残害别人的同时也毁灭了自己。

班主任应通过班会课、德育课、黑板报等阵地，让学生明确“人生不如意事十有八九”，以正反例子相对比的方式，使学生学会正确面对困难和挫折。

第二，在活动中操作，切实锻炼学生抗挫能力。

在各种比赛中抓好教育时机。如体育比赛，对手太强、发挥不佳都有可能导致失败，如果只是一味埋怨、叹息，于事无补。班主任要教育学生认识到重在参与且已尽力了，下次还有机会，不要在心里留下阴影。再如，体操比赛、文艺节目会演、演讲、诗歌朗诵还可能受得评委的误判，致使愿望没能实现。这种“意料之外”或者说是“突如其来”的挫折也常会在人生中出现，班主任要引导学生“看开些”，只要是金子，总有一天会“闪光”的。各种考试、竞赛也是如此，没有百战百胜的“常胜将军”，偶尔几次考差了也是正常现象，教育学生吸取经验教训，不必为失败耿耿于怀，甚至一蹶不振。

教育学生克服劳动中的困难。在建校的过程中，我校组织了各班学生进行了一些义务劳动，如挖泥土、抬泥土等。因为劳动量大，有些学生干不了多久就开始偷奸耍滑，我用生动形象的语言教育学生：“每个人都拥有双手，这双手主要用来干什么呢？当然是劳动；假如有人想不劳而获，那好，就用500万来买你那双手，你愿意吗?”学生笑着回答：“不愿意。”我鼓励同学想象：“操场平整了，宿舍和食堂建起来了，功劳有你的一份，这是多么有意义的事啊!”经过教育，在以后的劳动中，尽管很苦很累，但全体学生干劲十足，劳动任务能快速高效地完成。从某种意义上说，学习也要靠勤劳，人生的幸福也是离不开劳动的。

第三，联系个人实际，有效提高学生抗挫能力。

首先是建立学生个人成长袋，全面了解和熟悉学生，如其家庭成员及教育情况、性格、爱好、学习态度、交往能力等。每个学生都有其独特的一面，对困难和挫折的感受和处理不尽相同，甚至很不一样。班主任应具备较敏锐的洞察力和分析力，善于发现学生可能受到的困扰，根据每个学生的动态发展，有效提高其抗挫能力。

其次是引导学生学会自我评价和反思，让学生学会在通常情况下独立地分析、思考、解决问题。如在学业上，学生从自身的基础出发，制订恰当的目标，充分估计成效，尽量做到每次都有所进步。再就是引导学生掌握科学的方法，否则他们非常努力却没有收获，会逐步增加受挫感。再如在与同学的交往上，引导他们找到自己的优点和不足，发扬优点，改正不足，和同学和睦相处，有烦恼和困惑时要找知心朋友或老师父母倾诉，一是为了发泄，一是为了获得帮助。

再次是要和学生个别谈心，在具体的问题上指导方法。如班上有一个学生不满意其父亲喝酒、打牌，父女俩常为此争吵。我在学生的周记中了解到这种情况后，让学生和家长当面交涉，效果并不理想。后来，我和学生谈心时启发学生：“大人的事大人管，连你母亲都管不了，你暂时也不必去管他。”一段时间后，双方的冲突减少了，她父亲改正了不少，她在学习上也安心了。再如，上学期有个学生成绩很优秀，连续几次大考总分都是第一，但临近期末的一次考试落到了班上第五。她自尊心很强，在我找她谈话时哭得很伤心，我没讲大道理，只是等她稍微平静些后，把数学那一章节的复习资料递给她，叫她好好复习。后来她平静下来，认识到事实的确如此，说什么都无济于事，只有好好补习一下，就当这是一次勇敢面对挫折的培训。

教育中的“乒乓外交”

那年我任初中一年级班主任，新生中有个叫小龙的，我听人说他特别爱顶撞老师。

报到那天，我特别留意了一下小龙。他身体比较强壮，眼神里常常流露出与年龄不相称的成熟，微微上翘的嘴角似乎显示出了倔强。他报到时，我问一句他答一句，绝不肯多说一句话甚至一个字。

正式开学后，我找小龙谈心，从拉家常到谈学习，他都小心翼翼，尽管我避开了他爱顶撞老师的话题，但他仍然不愿多说。我担心他很快会由着性子，和老师闹不愉快。好在一周过去了，大家相安无事。

开学第二周的一次体育课上，学生在自由活动，操场上的乒乓球台前特别热闹，我远远地看见小龙正在“唱主角”，我略一思忖，心中有了主意。我走近乒乓球台时，看到班上又一个乒乓球高手从小龙手下败下阵来。学生见我过来，都嚷着让我上场与小龙较量。我依言上场，发现小龙的球技确实不错，我们的比分始终拉不开差距，打到 9∶9 时，我停了下来，说还有些事，下次再和他切磋。

第二天语文课下课，我往办公室走，小龙从后面追了上来，问我：“符老师，什么时候我们再打啊?”这是他第一次主动找我说话，我微笑着说：“放心吧，我会安排时间的，我们还没有分出胜负呢。”

之后的一天早上，我悄悄对小龙说：“你早点把作业写完，中午我约你，不要告诉别人，就我们俩比赛。”中午，乒乓球台前，我边打球边告诉他，在上中学时，我曾经得过年级乒乓球赛冠军。他说：“难怪你这么厉害!”我问小龙：“作业什么时候写的?”他说：“下课基本没休息，午饭后又用了一点时间，就完成了。”就这样，我们边打球边聊天，小龙对我敞开了心扉，家庭情况、学习情况、以前的表现等，他都如实地告诉了我。

他说，自己在小学时爱顶撞老师，一是因为老师经常体罚学生，二是因为老师经常向家长告状。他还告诉我一个惊人的秘密：小学毕业质量检测，他凭语文、数学和外语三科成绩考上“优生”等级根本不成问题，但他为了报复语文和数学老师，故意把这两科都考成 70 多分。他还说上课时他表现出不认真听课的样子，但其实是很用心听的，他不会傻得拿自己的学习开玩笑……

初中生天性喜欢活动，如下棋、跳绳、打球等，班主任可以适当参加，凭借活动的平台与学生自然交流，从而了解学生内心，增进师生感情。当学生向我们倾吐心声时，对他们的教育就不再是难题了。

如何处理学生赌博问题

星期四中午休息的时候，手机响了，一接电话，是学校管理宿舍的生活老师周老师打来的。他告诉我刚才吃过午饭后我班上的学生在赌博，地点是109寝室，人数7人，赌资36.5元，学生姓名全记下来了，等着我回去处理。挂了电话，我重重地吸了一口气，尽量压制心中的怒火。

这一次我在县教师培训中心学习教育技术一周，前几天班上都平安无事，我正感到高兴，准备回去大大地表扬学生一番，然而有些学生还是没有坚持住。那么，这一次又该如何教育他们呢？我想到了惩罚教育：罚款、罚扫卫生区、罚跑步、罚写检讨书、罚请家长、罚蹲马步……我也想到赏识教育：通过表扬其他学生来侧面地教育、尽可能找这些学生的优点说一些鼓励的话、像教学名家那样罚唱歌或是罚做好人好事、像有些具有创新意识的教师那样罚他们管理班上纪律……我只觉得思维混乱极了，“该怎么办”这个问题一直在脑海里盘旋。

当天下午学习结束后，我立即坐出租车回了家，妻子问：“不是还要学习一天吗？”我忧心忡忡地说了赶回来的原因。妻子说：“你那么着急干什么，不就是那些小孩子犯了一点错误，这有什么大不了的，谁能不犯错误，你应该心情愉快地处理这件事；人总有感冒的时候，就像到我这儿来看病的人一样，根据病情给他一剂药就能见效。”妻子的一席话让我渐渐乐观起来，我冷静地想了想，然后打开电脑，在网上下载了几篇关于初中生因赌博造成严重后果的案例和资料。

晚上6点半，我到了教室，学生都乖乖地在看书或做作业，我没有像以往外出学习回来后那样杀气腾腾地叫违纪的学生站起来，而是很平静地在教室里来回巡视了一圈，甚至还面带微笑地表扬了当天值日的学生，因为教室里卫生很好，清洁用具也整理得非常整齐。我还肯定了大家这几天的表现，班上没有旷课也没有较严重的违纪现象。说到纪律问题，我发觉109寝室的几个男生低下了头。末了，我说：“我想找109寝室的几个同学谈谈。”

等学生来到办公室，我还是大吃了一惊（我还没有到周老师那里去拿学生名单），参与赌博的学生中，小强是劳动委员，小伟是副班长，小宏是室长，其他4个学生分别是小华、小洋、小龙和小鹏。我这次没有向学生发火，态度很和蔼，和学生间的交流也比较顺畅，很快就弄清了赌博事件的来龙去脉。经了解，前几天下课后教室里开始流行玩扑克游戏，大家利用玩扑克来缓解学习上的压力，参与的学生很多，但确实纯属娱乐。中午吃过午饭，小华摸到了衣服口袋的扑克牌，便突发灵感，叫小洋和小龙来“诈金花”，玩着玩着就有人提议干脆来点刺激的，就真的赌起钱来。小强、小伟和小宏看了一阵，忍不住也参与了。大家赌得得意忘形，竟然没有关寝室门，大约半个小时后，周老师很轻易地站在他们身后，当场把他们抓了个正着，并没收了赌资36.5元。了解情况后，我说：“我很理解你们借用打扑克来缓解学习压力的做法，但是我坚决反对你们这样做。”然后，我把下载的资料分发给他们，并布置了作业：一是要交换学习所有资料，结合自己这次赌博的心路历程，在双休日认真写一篇读后感；二是要在下周一的主题班会课上积极主动地发言，主题班会题目就是“我看赌博”；三是能认真完成这个作业的，可以免去这次赌博的处罚，否则就“请家长”并上报学校进行纪律处分。最后，我说：“如果你们有更好的处理方式，也可以留下来和我谈谈。”当然这7个学生没有一个再愿意留下来和我谈的，他们一一在口头上向我作了保证后，依次离开了办公室。

就这样轻易地放过了这些赌博的学生，不知道我开的这剂药是否有效，我长长吁了一口气，却分明地感觉到内心已格外轻松，我大步向教室走去，要向全班学生宣布下周一的主题班会……

转化“问题生”从有效的沟通开始

新学期开学，邓老师班上转来一个“超级刺头”小强。他上课不认真听讲，在班上不守纪律，影响教师的正常教学秩序，而且还变本加厉地公然和老师在课堂上顶撞。邓老师与他谈话后，收效甚微，“超级刺头”依然我行我素。于是，邓老师感慨：“面对这样的学生，我究竟该怎么办呢？”

小强已经是高一的学生，在学习方面他已无所谓，在纪律方面自由散漫，在人生观、价值观和世界观方面有些错误，所谓“冰冻三尺，非一日之寒”，这些岂是在一朝一夕就能改变的？

案例中邓老师曾和小强有过几次谈话，小强的表现却让邓老师失望，邓老师甚至陷入了深深的迷茫。仔细想来，这种结果完全在意料之中。之所以说邓老师是和小强“谈话”而不是“谈心”，是因为邓老师谈话的切入点是“学习”，意欲“教育”小强。如果换成一般的学生，这些交流会起到较大作用，可是小强根本就是讨厌学习、讨厌教育的“问题生”。不难想象，小强以前的老师肯定也像这样多次教育过他，要是有效果，小强也不至于转学了。

我们知道很多转化“问题生”的案例，李镇西之转化万同、梁卫星之转化凌月、杨聪之转化林可树……这些成功的案例表明，转化“问题生”的首要条件是“问题生”要从老师那里得到前所未有的尊重，在师生交往中，渐渐地接受和认可老师；然后他对老师高度信任，无论老师对他采用什么教育方式，他心里都明白老师是为他好；最后他逐渐改掉缺点和错误，成为一个合格的甚至优秀的学生。

小强喜欢玩手机，邓老师不妨从手机或QQ聊天开始，和小强谈论的话题广泛些（暂且把学习搁在一边），寻找小强喜欢的话题，如体育比赛、交友、娱乐等，尽量在有利于其成长的方面做小强的“知音”。平常见面给小强亲切的微笑或问候，在学习和纪律方面稍微放松些，只要有进步就单独表扬（一般不当着全班表扬，否则极可能强化他的傲慢），让他能够真切地感受到老师的关心和帮助。在他基本能够接纳老师的基础上，和他谈一谈在金钱、友谊和理想等方面的认识，并作巧妙的引导，让他相信老师、亲近老师。随后，让他尽量遵守课堂纪律并完成自己会做的作业。

在转化小强的过程中，邓老师还要把握很重要的一点，那就是不能急于求成，只要小强不变本加厉就是成功，只要小强有点滴进步就意味着较大的成功。对小强而言，邓老师始终要记住这样一句教育名言，“教育是慢的艺术”。

同时，邓老师要注意让任课教师理解和支持自己的做法，要注意让小强的父母积极配合。这对转化小强都有好处。

第二章 Chapter 2 生为本

主题感悟

从每一个孩子出发

1960年，哈佛大学教授罗森塔尔博士在美国加州一所学校进行了一项试验。他声称制造出了一种仪器，能够找出最优秀的人，并能发现那些将来会出人头地的人。他先从老师中选出几个人，然后又从全校选出几个班的学生作为实验对象。他对选出的老师说："我从全校的老师中选出你们几位，因为你们是最优秀的老师。这几个班的学生也是最聪明、最有可能有所成就的学生，他们将由你们来教。我相信，最优秀的老师和最聪明的学生的组合，将会产生非凡的教学结果，我的仪器不会出错。"

一年过去了，当罗森塔尔博士再次来到这所学校时，他发现那些老师个个表现突出，而他们所教的班级也成为整个学校的明星班级。罗森塔尔再次召集这些老师开会，他对老师们透露说："实际上，我并没有那样一种预测未来的仪器，那些学生都是最普通的学生，我只是随机抽取了几个班级。"

老师们对此非常诧异。罗森塔尔博士接着说："实际上，各位老师也并不是我挑选的最优秀的老师，而是我随手抽调出来的。你们是普通的老师，教的是普通的学生，但是你们取得了这样的好成绩。各位老师一定知道原因在哪里。"

一位老师说："是的，博士，我知道。当我们被告知是最优秀的人的时候，我们就努力做最优秀的。我们的学生是聪明的、与众不同的，所以他们犯错误时，我们有耐心帮助他们，认为他们只是无意中出了错。我们从来不打击批评学生，我们鼓励他们做到最好。我们都认为自己是不普通的，于是我们就不再普通。"

罗森塔尔听完，会心地笑了。

每个学生都可以是不普通的。如果班主任认为自己的学生都是聪明的、与众不同的，认为自己学生是优秀的人，并按照优秀的人的标准来要求他们，他们就很有可能获得成功。只有以人为本，先在心里肯定学生，学生才能充分地展现出自己的才华。

温家宝在题为"百年大计，教师为本"的讲话中，针对教育中存在的问题，给全国教师提出了四点要求，其中第四点是教育要符合以人为本的要求，温总理指出要"尊重学生、关爱学生、服务学生"。

笔者以为，这里的"学生"指的是全体学生，教师尊重、关爱和服务部分学生很容易，但真正对全体学生一视同仁则很难。笔者经常听到一些教师多次责备甚至责骂学生，尤其是那些学习成绩差的学生。不难想象，无论是在课堂上还是在下课后，这些"学困生"能得到教师的尊重和关爱吗？并且有些教师已经把瞧不起"学困生"视为理所当然，并形成思维定式，且他们没有感觉到丝毫不妥。他们很少分析"学困生"之所以成绩差的原因，即使分析原因那也是学生的问题，从不肯分析教师自身的原因，也从不顾及"学困生"的感受。

反之，李镇西老师在做班主任时，就能做到关注全体，不抛弃、不放弃任何一个学生，在李老师专著《做最好的老师》中有一则教师手记，写的是转化问题生万同的故事，我们从中能够得到很多有益的启示。

启示一：要在活动中与"问题生"沟通。李老师就是在游玩杜甫草堂时与万同沟通的。少年的天性就是好玩好动，在玩中他们会感到无拘无束、自由自在，什么话都能很自然、很真诚地与老师讲，若教师把话题稍微设计得巧妙一点，“问题生”学习上有什么烦恼、遇到了什么困难等，都会对老师全盘托出。比如，《插班生林可树》中的那个杨老师就曾经利用过“跑步”，他和林可树一边慢跑一边细谈，得到了林可树的很多信息，也使林可树加深了对他的信任和好感。杨老师深知，和孩子在自然状态下的接触和交流，是打开彼此心灵之门的最佳途径。再比如，有一个老师了解到一个“问题生”的爱好是打乒乓球，而自己恰好又是乒乓球的高手，于是以乒乓球为切入点和载体，促进了那个“问题生”迅速转化。

启示二：要让“问题生”接触有益的课外书。李老师让万同读和抄《烈火金刚》，这总比他上课无所事事甚至捣乱好得多。抄抄小说，万同的脑子里多少可以装些抗日英雄的形象，还可以练练字，并且多认几个字。苏霍姆林斯基认为，问题生需要读点课外书。他说，巴甫雷什学校八年级中的 4 个“差生”读了高尔基《母亲》后的进步，特别是学生尼古拉的俄语上的进步，使人高兴。读有益的课外书有时能创造奇迹，“问题生”可以转化为优生。不要说万同是个“问题生”，连钱梦龙老师从小学到初二都曾经是出名的“问题生”，这个被老师们定论为“聪明面孔笨肚肠”的学生在初二之后学习奇迹般地出现了转机，一位叫武钟英的国语老师用一本《王云五小字典》改变了他的人生轨迹。有一天放学以后，武老师把钱梦龙叫到办公室，拿起这本小字典对他说：“老师们都说你笨，如果你能学会查字典就能证明你不笨。”武老师交给他一项任务——每教新课之前把课文中生字的音义从字典里查出来抄在黑板上供同学们学习。这一鼓励一抄写，他成绩报告单上的评语在毕业时变成了“该生天资聪颖”。

启示三：要善于“搭梯”去提高“问题生”成绩。为了提高万同的学习成绩，一方面，李老师为万同降低了学习难度，具体到每一节课，只要万同跳一跳就能“摘到果子”，只要用心就能完成每一天的作业，就能得到老师的表扬。另外，考试也为万同单独命题，让他逐步提高。万同确实在学习中不断进步，不单有了成绩变化，他的学习动机、学习态度也在变化，他尝试到成功的喜悦和幸福，他的思想也持续地得到净化。另一方面，李老师还很重视和万同进行书面交流。如万同的作文水平不高，错别字多，但是每一篇作文李老师都会认真看、认真改，李老师的批语都是从发展进步的角度来写的，看重的是万同与上次相比情况如何。再如期中考试中，其他同学写的与万同有关的作文，李老师全部拿给万同读，让万同去提高作文水平的同时，更能感受到同学对他的关心、爱护和建议，从而提高思想认识水平。

启示四：认识到转化“问题生”是一个长期工程。在课堂教学中，李老师让万同抄写《烈火金刚》，使他能够在课堂上静下心来后；李老师考虑到必须让他在课内知识的学习上有所得，于是对他采用“降低要求，增强信心，逐步提高，帮助成功”的教学策略。从 17 分到 49 分，再到 76 分，万同的学习成绩有了显著的提高。为了巩固成绩，李老师又巧妙地以“万同的成长”为考试作文题材，提前两个月公布考题，实际上是为了进一步督促万同认真学习。从万同最初的 17 分到后来的 76 分，再到后来成为一个合格的中学生，李老师用了两年的时间。两年来，万同在曲折和反复中进步，这显示了李老师高明的教学智慧和高超的教学艺术。因此，对于“问题生”的转化，我们必须做好长期作战的思想准备。

对成绩好的学生，班主任也要高度重视其心理问题，不要让好学生成为“定时炸弹”。梁卫星老师的《一个教师和三个学生的战争：凌月，樊强，郁青青》这篇小说，主人公之一的郁青青是班主任心目中的优秀学生、父母眼中绝对的乖乖女、班上众多学生崇拜的偶像。郁青青每次考试都稳居第一，而且她的总成绩能够把班上第二名远远抛在后面。她的学习从来不用老师和父母操心，她的行为表现也非常良好。然而，就是这样一位好学生，却被她的语文教师发现，她的思想和心灵正在被不断地扭曲。具体来说，郁青青有“强迫第一症”，她不允许自己考到班上第二名，哪怕是一次。为此，她经常失眠，常常在白天的学习中感到精神不振，甚至不止一次地有过自杀的想法。语文教师是在郁青青交来的作业——一篇日记中发现她的心理问题，之后，他们要么用笔交谈，要么面对面对话，语文教师安慰她、劝解她、教育她，然而效果并不明显。最后，当郁青青的班主任和父母得知她有失眠和自杀倾向的消息后，都惊呆了，他们不愿相信这样的事实，可事实又明明摆在那儿。

现实中，确实有不少好学生是“定时炸弹”，有的好学生甚至“爆炸”了——那位连年被评为“优秀学生”“优秀班干部”的 12 岁少年，在与父母一墙之隔的屋子里服毒自杀了。他自杀的理由是“深感生活没有意义，生活没有价值”。那位成绩一直保持全班第一，年年被评为“三好学生”的某小学三年级学生也自杀了，自杀的理由是“数学成绩降为班上第六名”。

还有更多的学生处于“危险期”，他们心理脆弱，他们各方面的压力大，他们孤独寂寞，他们偏激焦虑……所以笔者认为，对于“好学生”，教育者不能被他们表面上优秀的学习成绩和良好的行为表现所麻痹，认为他们所缺少的是知识上或者方法上的“更上一层楼”，而应当经常去感受和触摸他们的内心世界，必要时要给他们的思想开一开小灶，让他们的心灵先阳光起来，不要让他们成为那颗“定时炸弹”！

对于中等生，班主任也不能忽略，要通过各种措施来“重视”他们，如可以每个月至少找他们谈一次心，课堂答问或发言每周至少给一次机会，在学习、纪律、劳动、卫生等方面的表现当众表扬每月至少一次，根据他们的日记、周记、读后感或作文等书面交流或鼓励每周至少一次，对他们进行家访或者和其父母电话联系每学期至少两次；另外，班上和学校组织的各种活动如晚会、文艺会演等，尽量发挥他们的特长，给他们提供充分的表现空间和舞台，以展现其才华。

工作艺术

老师，请读懂学生的心

扫地事件

班主任王老师又一次批评星期二的清洁小组打扫卫生区不认真，有一小堆垃圾没清理。而上一次是打扫不彻底，再上一次是因为一直扫到上课还没扫完。王老师批评得很厉害，并罚这个小组打扫一周卫生区。王老师说完，小宇鼓足勇气举手：“王老师，我们这组没能很好地完成清洁任务是有原因的……”小宇话未说完，王老师刚刚平息的怒火又被重新点燃：“不要找理由，不要找借口，我说罚就得罚，下面开始上课。”小宇只得满脸通红地坐下。

星期三早上，王老师在办公室备课，接到学校教导处主任的电话通知，今天语文老师请了病假，第一节语文课由王老师代课。快上课了，王老师向教学楼走去，却发现本班学生还在扫卫生区，而小宇正拿着扫帚站着。昨天才讲了，还是这样，真是太没有长进。王老师快步走上去，狠狠地批评他们，特别针对了小宇。这次小宇没有争辩。以后的几天，王老师只得亲自督阵，清洁情况才有所好转。但令人奇怪的是，从这以后，成绩中等的小宇学习非常努力，每次考试成绩都有上升，到期末时，已经考到了班上的第三名。

第二学期开学，小宇没来报到，却托同学捎来一封信，王老师看过信才知道，小宇已经转到一个亲戚家附近的学校去了。其原因是小宇对打扫卫生始终有一块心病，不换个环境，她可能会崩溃。

原来，在王老师罚扫卫生区之前，小宇每次都来得较早，而且出力很多，但自己所在的小组有好几个同学要么经常迟到，要么偷奸耍滑，小宇几次向组长反映，把情况给王老师说说，组长是个好好先生，瞒着不讲。王老师在班上批评那一次，小宇想把情况说明，话未说完就被王老师打断了。第二天，其他同学见王老师来了，赶紧认真扫了起来，而小宇扫了很大一块地后正直起腰来休息一下，恰恰被王老师看见了……小宇清楚，自己在王老师心中的印象很差，只有努力学习，将来换一个学习环境。

王老师当初对这件小事没有认真调查，也没能容许小宇把原因讲清楚，所以造成这样的后果。其实，眼见的并不是事实，小宇扫地很认真，却陪着别的同学被批评、被罚，心里肯定不舒服。后来王老师见小宇认真学习，认为她是一个乖孩子，觉得没有必要找她谈心，以致最后连解释的机会也没有了。王老师应该注意的是，批评学生绝不能集体批评，而且批评学生一定要弄清楚事实。

迟到事件

李老师发现，入冬以来，总有两个学生经常迟到，一个是小强，一个是小翠。小强平时比较调皮，成绩也不好；小翠性格内向，半天也不说一句话。

那天，李老师守在教室门口，早自习已上了好大一会儿了，小强才慢腾腾地向教室走来。李老师把小强挡在教室外问原因，小强满脸的无所谓，说起来晚了。李老师开始教育小强，还没说几句，小翠也跑来了。小翠的额头上、头发上湿淋淋的，有露水也有汗水。她气喘吁吁、满脸通红，看了看李老师，赶紧低下了头，主动站在小强旁边。小强的表情有些得意，似乎在说："我不是最后一个来的，有人比我来得还晚，看老师怎样教育和惩罚。"李老师皱紧了眉头，对小翠说："这么辛苦，你怎么不提前些时间走？"小翠头低得更低，两只手绞动着书包的背带，一言不发。李老师看了看表，早自习马上就要结束了，就给他俩布置了任务：下去后写一份说明书，写明具体的原因并作保证。

中午，小强和小翠的说明书交来了。小强写的是因为晚上写作业看书久了，早上醒来就晚了，保证以后不再迟到；小翠写的是晚上看电视久了，争取以后不迟到。为此，李老师在班上表扬了小强、批评了小翠。

这学期读完后，初中三年级上学期，小翠辍学了。

事实上，小强父母在外打工，他自己一个人住，自控能力差，一是晚上看电视很晚才睡，一是早上贪恋暖和的被窝；小翠的父亲在外打工，母亲体弱多病，还有一个妹妹在上小学。小翠要做很多家务，每天早上很早就要起来煮饭，且家离学校远，要走一个多小时的路。小翠不想让老师知道这些事，怕给老师添麻烦。

小翠家的这些事是李老师后来才听说的，可惜那时的小翠已辍学了。对性格内向的小翠，李老师不应像对待小强那样，要想办法从侧面多了解小翠的情况，比如，问问小翠的同学，去小翠家进行一次家访；而且还要做到正面与小翠交谈时应真诚而小心，每句话都要把握好分寸。只要对小翠及其家庭有足够多的了解，李老师就能感受到小翠的不容易，就会体谅小翠的迟到，甚至会被小翠迟到背后的故事所感动，也才会让小翠的性格开朗活泼起来。李老师没能读懂小翠的心，直接或间接地导致了小翠的辍学。

英语总是差科

又一次考试，张老师所带班级的英语平均成绩仍然在年级最后一名，而且比上一次差距更大。张老师多次听英语老师抱怨，这个班的学生基础差、纪律差、学习习惯不好。张老师为此很委屈，自己带的这个班真的那么差吗？那为什么其他各科在同年级的排名靠前，在学校举行的各项活动都能获奖。听到英语老师在人前人后埋怨多了，张老师就把委屈化为愤怒，转嫁到学生身上——批评学生英语课上不认真听讲、不认真学习英语……批评的次数多了，只要一提到英语或英语老师，学生都保持沉默。

事实上英语老师上课，一般先听写或抽背，而开口闭口要么与“猪”有关：“你们这个班都是猪脑壳”“又有几个猪一点都提不起笔”“一看你就是猪头猪脑的样子”；要么最善于打击学生：“这样读不如早点出去打工”“你们这个班没有几个人能考上高中”。而讲课，都是一讲到底，全不顾学生有没有兴趣听。

问题本来是出在英语老师身上，与学生并没有多大关系，批评全体学生，只能让学生学习英语的积极性和主动性越来越差，所以班主任应把突破口放在英语老师身上。张老师应寻找对策，作为同事，不好直接挑明；告诉校长，又有告状的嫌疑。张老师可以找一个借口长期去听英语课，比如可以借口自己想学一些英语，将来好辅导孩子。只要张老师每节英语课都去听课学习，英语老师便不好再骂学生了，反而会想办法把课上得好一些。课后，张老师可以找时间与学生一起读、一起背、一起听写，学生见张老师都努力学英语，肯定也会一起努力，师生间沟通越多越顺利，学生学习英语的兴趣将大大增强。

从好少年到坏学生

赵老师班上的小鹏个子矮小、身体单薄，从小学升入初中时，小鹏的学习成绩为班上第十名，但后来他的名次不断地下滑，小鹏也从一个好学生变得古怪任性，并且经常出没于电子游戏厅。到了初中二年级下学期，班上好些同学被小鹏打。赵老师对此感到很奇怪，在调查事实时，问那些被打的学生："你们个子比他高、力气也比他大，怎么还会被他打呢？"原来小鹏在社会上结识了一些不三不四的青年，有他们撑腰，被打的同学怎敢还手。为此，赵老师给了小鹏纪律处分，处分不断升级，从"警告"到"留校察看"。赵老师给的处分越重，班上有些同学被打得越厉害。小鹏打班上同学，还有几次惊动了派出所。幸亏小鹏还掌握了一个分寸，就是从不动用"武器"，也从不打伤同学，否则，早就进派出所了。赵老师也反复联系了家长，最后家长终于把小鹏带走了，赵老师长吁了一口气，悬在心里的石头才落了地。

事实上小鹏从一上初中开始，就因个子小经常被班上的同学欺负，班上的同学要么把他当猴耍，要么对他呼来唤去。小鹏曾经给赵老师反映过情况，但赵老师每次都是轻描淡写地说其他同学几句。为此，小鹏非常苦恼，上课注意力也不能集中了，再后来干脆就在电子游戏中去寻找心灵的慰藉，学习成绩当然就下降得快了。小鹏的变化，也令老师们越来越不喜欢。再后来，小鹏在电子游戏厅认识了几个"哥们儿"，他就对欺负过自己的同学一一报复。

上初中后，小鹏常被同学戏耍和欺负，寻求老师的帮助又无果，内心世界充满了不满、恐慌、孤独、无助。在这样的情形下，他怎能专心听讲？怎能认真学习？于是，他要逃避，他要报复。这条路走下去，他只能变得越来越坏。要是赵老师一开始就注意到安慰小鹏，并阻止其他同学继续欺负小鹏，教育学生要团结友爱，那么小鹏的人生就会在一个正常的轨道上运行了。学生之间发生的一些事，在老师眼中也许微不足道，但在学生的成长过程中，影响可能是巨大的。

以上四个案例表明，班主任看到的或听到的，未必是事实的真相；班主任虽然教育了学生，但是缺乏诚心、细心和耐心，没能真正了解学生，没有读懂学生的心，因而不能取得相应的教育效果。李镇西老师说得好，“教师应当走进学生的心灵”。班主任要带好一个班很难，要放弃个别学生却相当容易，在不经意间就能做到，但那对个别学生而言，也许是放弃了他一生的幸福。因此，班主任应当认真思量，如何去读懂学生的心。

巧妙利用关键性事件

有一个小男孩，在小学的时候，是老师和同学心中的坏孩子，因为他总是在课堂上搞一些恶作剧，使老师“出丑”，课下又常常欺负同学。所有的家长都叮嘱自己孩子不要和他玩，害怕自己的孩子会学坏。男孩的家长也害怕到学校参加家长会，不敢面对学校和其他家长的指责。学校甚至准备通知男孩的家长要他们将孩子转走。后来，男孩突发奇想，给敬爱的毛主席写了一封信，得到中共中央办公厅的回信后，男孩在老师和同学心目中由一个令人讨厌的坏学生变成了一个聪明、有出息的好学生了。这个男孩真的变好了，变成了人见人夸的好学生。他就是著名主持人、演员王刚。

不管是在学习上还是在纪律上，读初中的许光军都是一个令老师头疼的孩子。学校争取到一次捐助品学兼优的贫困生的机会，无论如何，许光军都不在那个接受捐助的名单里。然而，有一天，许光军在欢喜中略带羞涩地告诉老师，他自己也得到捐款了，捐助人给他的留言说要一直资助他到大学毕业，老师为此纳闷了很久。自从许光军知道自己也是品学兼优学生中的一员后，渐渐地改掉了不良行为习惯，努力学习，最终考上了理想的大学。多年以后，老师才知道，捐助人也一直以为许光军是品学兼优的学生，因为那次贫困生名单上的“许辉”写成了“许光军”。

王刚曾在他的栏目里说过这样一段话：“也可能我并不像他们夸的那么好，但经他们这么一说，让我在别人面前感觉到，自己就是这么好的人，我为什么不继续下去呢?”许光军也是受到了“捐款”的鼓励，因为接受捐款的学生必须具备一个重要条件——品学兼优，许光军无意中得知自己居然是一个好学生，加倍努力，顺理成章地成为好学生。

在第一个事例中，给毛主席写信并得到回信是王刚由“问题学生”转化为好学生的关键性事件；在第二个事例中，得到捐款是使许光军转化的关键性事件。我们不说关键性事件对问题学生的转化具有决定性作用，但至少其影响是巨大的。

通常情况下，一个班总有少数的“问题学生”存在。于是，我们常听班主任说：“要是我班上没有某个或某几个学生，管理起来不知会轻松多少，班平均成绩也会大大提高。”事实真是这样吗？有老师专门做过试验，在开学初千方百计让几个“问题生”留级或转学，原以为这下可好了，可是不久之后，原来不是“问题学生”的学生又制造了新的问题，新的一批“问题学生”同样让人头痛。

也许是过去我们把坏事的焦点都聚积到“问题学生”身上，凡是班上出现问题，都不由自主地想到是他们造成的。这样，我们忽视了一些最基本的教育原则，如作为教育对象的学生是活生生的未成年人，无论成绩和表现怎样，每一个学生都必然存在一些优缺点。我们喜欢戴着有色的眼镜放大“优生”的优点，放大“问题学生”的缺点，所以导致“问题学生”层出不穷。

既然“问题学生”是“赶”也“赶”不走的，那么，我们就得掌握转化“问题学生”的策略和方法，要善于发现并利用关键性事件，甚至还可以去制造关键性事件。

有一个高中学生自暴自弃，班主任多次教育无果，迫不得已让他远在外地打工的父亲来校。这个学生亲眼看到可怜的父亲是如何卑躬屈膝地送给班主任一条好烟的，亲耳听到父亲是如何低三下四地给班主任说那些好话的。这件事给该生的刺激很深、影响很大，为了争一口气，为了以后能“报复”班主任，他发誓将来要比班主任“混得好”，于是他奋发图强，一心扑在学习上。拿到重点大学录取通知书后，父亲才告诉他，那件事是班主任一手“导演”的：当年往返的车票和买烟的钱是班主任给的，好话是班主任教自己说的……得知真相后，该生长久以来的“报复”心理顿时化为感恩之情……

班主任制造关键性事件的前提是非常了解“问题学生”，要对他的问题、学习基础、家庭背景、性格、兴趣、爱好、能力等了如指掌，然后才能“对症”制造“事件”。制造事件时，班主任一是要突显学生优点，让其在爱好方面获取巨大成功；二是从情感入手，让缺少关爱的学生得到师长特别的爱；三是从心理品质入手，让学生心灵受得前所未有的震撼……总之，对“问题学生”而言，事件要“奇”要“大”要“准”，才能体现“关键”，才能真正促使他用行动来改变自己、用事实来证明自己。

对待“问题学生”的下、中、上策

一般情况下，初中阶段的每一个班里都可能存在“问题学生”，只不过有数量和问题的严重程度之分罢了。因而，初中教师，尤其是班主任，不可避免地要和形形色色的“问题学生”打交道。在对待“问题学生”方面，由于教师受自身教育素质、教育观念与教育能力的影响，教育行为和教育方法有很大的差异，从而形成了下、中、上三个等级的策略形式。

下策：教师采用行政命令式的方式对待问题学生。学生打架了、骂人了、旷课了、课堂上讲话了……那好，你写检讨、作保证，必须改正；给你几次机会，你再犯，对不起，我这个班不适合你，你另谋高就，要么去留级，要么到别的学校去读书。还有的教师，故意让“问题学生”的问题越来越大，然后保留证据，告知家长或报告学校，最后让学生跨出教室自生自灭。换言之，就是千方百计撵走“问题学生”。如果不具体分析，这样的教师所带的班无论是从纪律还是从学习效果来看，都不会比别的班差，甚至很有可能比其他班要好，因为剩下的学生都是“良民”，就算要重新滋生出“问题学生”，那速度也远远不及撵走那么快。“撵走”这一“妙招”还被一些教师津津乐道，既“轻松”地教书育人，又“轻巧”地获得学校的各种物质和精神上的奖励。可是，那些被撵走的“问题学生”如果继续在他校他班读书，他们的问题还是一点儿都没解决；如果他们辍学，有可能会把问题带到社会上去，其中一部分甚至会危害社会。

中策：教师苦口婆心地教育和转化问题学生。学生迟到了，就讲迟到的危害；学生骂人了，就讲骂人的不对；学生不交作业了，就讲这样学不到知识……其实学生真的不知道这样做的危害吗？当然知道，包括教师所讲的其他“大道理”，他们也都懂。学生也能揣摩到老师的心理，所以当老师批评教育时，他会点头称是，至少不会公然地与老师对抗。老师的教育有时会在短期内有效果，可是他们重犯错误的几率也很大。若干次后，老师就会觉得道理讲完了，批评也批评够了，表扬和激励的“闪光点”也抓完了，可是学生的“问题”依然还是“问题”。渐渐地，教师陷入了两难的境地——“弃之”不忍心，“教之”无明显成效。于是，老师就产生了“怒其不争”的情绪，发出“恨铁不成钢”的感慨。“问题学生”若遇到这类老师还算比较幸运，至少还能享受受教育的权利，还有可能有改正的机会。

上策：教师平等地、机智而灵活地对待“问题学生”。这类教师处理“问题学生”的问题时，很多时候不按常规出牌，不被班规班纪束缚。比如，有的老师用“为迟到的孩子编个谎”、把孩子们“迟到的时间补回来”等办法感化了班上的那些“迟到大王”；还有的老师办法更巧妙，没有批评反而表扬了经常迟到的学生比平时“早到了5分钟”；还有的老师建议“给迟到的学生留扇门”……

我们再看一个例子。

自习课上，一个初中一年级的学生小树既不看书也不写作业，一会儿伏在桌子上，一会儿玩弄手指和笔，一会儿把头低在课桌下……下课后，班主任张老师居然表扬他进步了！因为小树这个“问题学生”的学习基础太差，作业根本不会做，看书实在没兴趣，在以往的自习课上，他还不断地骚扰周围的同学。初中3年来，张老师首先和他建立了良好的师生感情，在此基础上耐心、机智地引导和教育他，张老师对他轻言细语过，也曾对他大声呵斥过，可是每一次都那么恰如其分，每一次都让他感受到老师的真诚和关爱。当然，在平时，打架、骂人、撒谎、进网吧等“问题学生”有的问题在小树身上都有，他在小学时就是一个有名的“问题学生”。然而，在3年后，除了学习成绩还是较差之外，小树身上的问题绝大部分都消失了。他居然初中还毕了业，毕业后居然还读了职业中专，在职业中专因动手能力、交际能力和组织能力强居然还当了班长，他也居然把张老师当作一生中最信任的人。如果张老师按照常规教育小树，如果张老师没有取得小树的充分信任，如果张老师从关注小树的学习成绩入手……只要有一个“如果”，小树就极有可能永远是一个“问题学生”。

都是微笑惹的祸

那天下午第二节课上课不久，我正在办公室改作文。“老师，不得了了，赵同学和张老师吵起来了。”班长小李气喘吁吁地说。“吵得好凶哦!”和她一起跑来的小陈补充道。

“不要急，我们边走边说。”我和她俩一边快步向教室走去，一边了解情况。

事情大致是这样的。张老师正在讲例题，突然发现赵同学一个人在笑，便让赵同学站起来，问赵同学笑什么，赵同学没有回答，脸上依然保持着微笑。张老师生气了，就批评赵同学在发神经，然后就说到什么神经病，赵同学便骂张老师是张神经……

当我们赶到教室时，教室里的争吵声已经没有了，可是气氛却格外紧张。张老师双手叉腰，怒目圆睁，站在赵同学座位不远处；赵同学涨红了脸，脸上一贯的微笑不见了，站在座位上，双拳紧握，双眼毫无畏惧地盯着赵老师；其他同学连大气也不敢出，有的看着张老师，有的看着赵同学。

“老师，要是你迟来一步，他们可能要打起来了。”事后有学生对我说。原来张老师让赵同学“滚出去”，赵同学却不理不睬。张老师一步一步向赵同学座位走去，我到教室的时候，正是双方剑拔弩张之际。

“赵同学，符老师有话和你说。”我边说边快步走到他座位边。此时的赵同学不为我的话所动，我一只手轻抚着他的右肩，一只手轻拉他的左臂，他才顺从地跟着我走出教室。“好了，没事了，请张老师接着上课。”我边走边说。

在回办公室的路上，我始终拉着赵同学的手臂，没有说什么，我知道他需要冷静。到了办公室外，我停了下来，拉他到栏杆处。办公室里还有其他老师，我知道，有的话他不好当着别的老师说。

赵同学的情绪渐渐平静了一些，眼泪却簌簌地掉了下来：“符老师，我知道我数学成绩不好，他不喜欢我……我父母一直教导我，人要乐观，脸上要保持微笑……他骂我是神经病……我要告到教育局……我不想读了。”赵同学慢慢地向我哭诉。

“我知道你受了一些委屈，讲出来就好了……乐观好啊，微笑也好啊，人就是要自信、要乐观……”我一边回应他一边劝慰他，并把他的优点列举给他听。处理这件事，要等他完全冷静下来。

大约10分钟后，我才正式谈到这件事，我说：“要是你开始时能给张老师解释一下就好了。”他说这不是一两句话就能说清的事，何况当时也不好意思说。最后我把这件事归结为“误会”，并请他把这件事的前因后果写出来，赵同学接受了我的看法和要求。

下课后，我把赵同学送回到教室。

然后，我在办公室找到了余怒未消的张老师。“他平时就不怎么听课，有时还完不成作业……今天又面带怪笑。”张老师数落了他很多不是。“他有很多缺点和问题，但他爱笑，脸上一直挂着微笑，哪怕被老师轻微地批评也是这样。这是他的习惯，这个我可以作证，熟悉他的同学也可以作证……”我和张老师真诚交流，话题围绕着赵同学，张老师的心结慢慢地解开了。

第二天，我把赵同学写的信给张老师，张老师进一步了解了赵同学的个性，在数学课上，张老师郑重地给赵同学道了歉，赵同学脸上又浮现出微笑。不同的是，这次冲突后，在数学课上，赵同学听课比以前认真多了，数学成绩竟然慢慢上去了，张老师在我面前夸奖过赵同学好几次。另外，我还听说，好几次张老师当着全班同学的面表扬赵同学的进步。

因考差不回家的学生

那年，我接任了初三（6）班的班主任，一接手这个班就了解到班长小燕是一个聪慧、执着、沉稳、坚毅的学生。小燕在初中前5个学期的考试成绩在全校不是第一就是第二，同学们很崇拜她，老师们很欣赏她。

不料，初三摸底考试，小燕只考到了班上第三名、全校十五名。像以往的月考一样，我没有公布学生的名次，只是让学生个人来了解了考试名次。在总结考试情况那天，我说考试有失误在所难免，大家不要太在意名次……其实，这些话很大程度上是对小燕说的，我知道她自尊心特强。小燕当时的表情很平静，像什么都没发生过一样，我知道她内心肯定波澜起伏，接受不了这个事实，本想在课后单独找她谈心，但又害怕她伤心难过。

下午放学，学生都陆续回家了，打扫教室的小玲突然急急忙忙地到办公室来找我，她说班长小燕还在教室里，一直坐在座位上不回家，并且等同学走得差不多了，就哭了起来，哭得很伤心。

我马上和小玲一起赶到教室，小燕果然还在座位上，埋着头抽泣。小玲走过去，摇摇小燕的肩膀，低声说："符老师来了。"小燕极力想控制住自己，但没有用，她埋着头哽咽道："对不起，符老师，我真没用……"小燕是一个非常懂礼貌的孩子，在这种情况下还是对我的到来作了回应。

我在小燕的对面坐下，低声说："你一直是个聪明的孩子，大道理你懂，今天，你尽情地哭吧，老师等你。"小玲乖巧地走到教室后门边的位置上，拿出作业来做，实际上是在等着陪小燕回家。

大约几分钟后，小燕情绪终于稳定下来了，她先用手擦干眼泪，抬起头，红着眼眶说："谢谢您，符老师，我……我……太不争气了。"说完，她的眼泪禁不住又掉了下来。

"仔细分析过试卷了吗?"我问。

她点了点头说："主要是数学的计算题和英语的阅读题，一共丢了20多分。"她接下来肯定地说："可是，这些题我不该丢分。"

"这就对了嘛，考试和做事一样，哪有不失误的。你今后读高中，不知道还要经历多少次考试，也不知道还要遭遇多少挫折。”我叹了一口气说，“这些你怎么能承受得了。”

“我不会输，符老师。你不晓得，我的爸爸、妈妈为了我，付出太多了。”小燕咬着嘴唇，给自己打气。

小燕的家庭情况我比较清楚，她妈妈长期生病，爸爸在外打工。为了小燕在初三冲刺，爸爸毅然返乡，每天又要去打杂工，又要给小燕姐弟做饭。

我顺便问了小燕最近的家庭情况，她的情绪渐渐稳定下来了。

“我那年考中师，物理一直是我的强项，可是我才考 70 多分，就差 10 分上录取线。家里为我拿出了 2000 多元钱去读中师，我好内疚，可父母安慰我、劝我，让我向前看。这不，我以优异的成绩中师毕业，一直到现在，我基本能算是好老师吧。而那次考试的失败，在我心中早已过去了，我把它当作一次教训，时时给我动力，催我上进……”我侃侃而谈，小燕专注地听。

“更重要的是，小燕同学，我一直很欣赏你的聪颖和勤奋，但是，你万万不可把分数看得太重要，对学习而言，分数只是一个附属品。以前我教书，也把学生成绩看得特别重要，近年来我读了很多文章，思考了很多，不再把分数看得那么重要了，因为决定一个人将来成就的绝不是分数，而是性格、品质和能力。”我接着说。

“难怪自从符老师教我们后，再也不公布考试成绩了，我们这些‘差生’也就不那么自卑了。”不知什么时候，小玲又来到我们身边，她大声地接口。

“小玲啊！谁说你是‘差生’了，就拿今天的事来说，你这么细心地关心小燕，还有谁比你更优秀！”我微笑着表扬小玲。

小玲受到表扬，非常高兴，她用手轻抚着小燕的头发说：“我和小燕同学 3 年，相处很好，她有难处，我怎么能视而不见呢？”

小燕的眼睛又红了，只不过，我知道，这不再是伤心难过，而是被师生情、同学情感动了。

“感谢符老师，感谢小玲，今天，你们为我上了最好的一堂人生课。”小燕终于释然了，露出了笑脸。

“不，是符老师为我们上了最好的一堂课”。小玲分辩道。

……

初三毕业，小燕考到我县最好中学的最好的班。3 年后，小燕因为身体的原因高考失利，只进入了一所很普通的大学。然而，又过了 4 年，小燕参加研究生考试，进入了中国一所著名的研究所。后来她写信给我：“老师，从那次以后，我再也没因为考试而沮丧过，即使是那次很糟糕的高考也不例外，只是，我在大学里一刻也没有忘记努力……”

对学生的“关注点”不要错位

某学校领导在开学典礼上说到学习的好处，举了一个例子，说某一级的某位同学，大学毕业后拿年薪，说出来保证吓你们一跳，年薪50万……领导的话果然引起学生们的啧啧惊叹。接下来，领导又兴致勃勃地谈了那位学生当年在母校是如何勤奋努力的，令全体学生钦慕不已……据了解，对学生说此类话题的学校领导“宜乎众矣”。

教师在班上为了给学生树立榜样，也经常拿自己教过的那些考上重点大学的学生为例，说得条条是道，极富感染力，能令学生心动不已。就连教师在批评学生时也常常问：“你到学校来干什么的?”学生胆战心惊地低声答曰“学习”或“读书”，然后教师便理直气壮地围绕学习“做文章”，什么学习不好将来没有出息，什么不好好学习对不起父母……

在多数教师的眼中，“好学生”的首要条件是学习成绩好。最近一个朋友还在讲，读初中时他学习成绩很好，课堂上老师讲的一听就懂了，所以他有时也会找同桌“摆龙门阵”，可是他俩说话，每当被老师发现了，挨批评的总是同桌。

即便在现在，大部分教师“学习成绩至上”的观念仍然根深蒂固，因为学生成绩关系重大，关乎自己评优晋级和奖金，关乎自己能否被领导重视，关乎自己能否得到家长的信任，关乎自己在社会上的口碑。

学生的学习成绩在多数家长眼中也同样至关重要。有些孩子在学习上实在跟不上，那些家长在责备学生不争气的同时，还得小心翼翼应付教师。因而，只要是为了提高学生学习成绩，哪怕是搞题海战术、补课、批评和惩罚学生，教师都会理所当然地认为“这是为学生好”。这样的做法真的是为学生“好”么?

一个班，成绩优秀的学生毕竟是少数，他们是教师的“宠儿”；成绩一般的学生占多数，他们常常“默默无闻”；成绩差的少部分学生却常常是“受打击的对象”——尽管很多时候教师是无意的。于是，教师在班上按学习成绩排名次，把学生真实的学习成绩告知家长，总是对某些学生特别优待，谈心总以学习为中心……

在学习上教师怎样做才是真正为学生好呢？不妨看几个例子。

有个学生上初中了，可是基础太差，读不通课文，甚至连大部分字母拼音都不会认、不会写……很显然，这个学生在小学时被老师“抛弃”了，初中老师也可以顺理成章地“抛弃”他。可是，初中老师却给他指定了一个帮助人，每天帮助他记两个字母，然后老师不定时地抽查。一个多月来，该生受到老师多次关注和表扬，不但记住了所有的字母，也渐渐地学会了拼音，后来慢慢地爱上了学习。再如李镇西的学生万同在小学考试时分数从来都是个位数，李老师用班集体的力量，用自己的爱心和责任感，终于让万同成为一名合格的中学生。又如杨聪老师对学生林可树，当林可树作业忘记做了，杨老师没有采取简单的叫家长的做法，而是让学生自己选择补做时间，同时把这一时间记录到备忘录上以示提醒。杨老师针对他足足记录了整整一个学期的教育笔记——《插班生林可树》，感动和感染了很多读者。还有郑金洲老师在山村教书时，经常利用节假日去家访，但他给家长谈的总是学生的优点。

这些老师，不让任何一个学生掉队，对每个学生都做到“不放弃”，细致、巧妙、周到地关心学生，赢得了学生和家长的尊重和信任，成为人们心目中真正的好教师。仔细研究一下他们，不难发现，好教师的共同特点是科学、合理地关心学生的学习；不把学生当作学习的机器，而是把学生当作真正的人；他们尊重学生、信任学生，他们更注重关心学生的生活，尤其关注学生的身心健康成长。这些才是关键所在。

在恰当的时机为学生做小事

有一个小女孩，7岁丧父，那年她开始上学。开学两个月，她从不和同学说话，多数同学甚至叫不上她的名字。她的忧郁、孤独、敏感引起了班主任马老师的注意（马老师是一个梳着短发的美丽女人）。在得知她父亲已经去世后，马老师什么也没说，只是把她紧紧搂在怀里，任由她哭泣。

她母亲为了养活一家人，给人打小工，她每天下午放学后必须到幼儿园接3岁的妹妹回家。因此，每次值日扫地，她总是抢先拿着扫帚挥动。马老师知道这件事后，免去了她放学后的值日，改为负责课堂教室的地面清洁。

就这两件小事，让她几十年忘不了。几十年后，已经成为作家的她，很自然地把这些小事写下来了。她把这些小事称为“一种心的感动”，称为“一曲纯洁的生命乐章”，称为“一片珍贵的温馨”。

你看，抱一抱学生、换一换劳动任务，一些多么小的事，却让学生感受到一种美好，甚至让学生感恩一生。

这让人很自然地想起魏巍先生的散文《我的老师》，在文中他回忆了自己的小学老师蔡芸芝，写了与老师交往的几件小事：“蔡老师假装打我”“教我们跳舞”“带我们观察蜜蜂”“教我们读诗”“排除小纠纷”等。在魏巍先生眼里，蔡老师是那么温柔美丽，那么令人难忘。在文末魏巍写道：“至今回想起来，我还觉得这是我记忆中的珍宝之一。一个孩子的纯真的心，就是那些在热恋中的人们也难比啊！什么时候，我能再见一见我的蔡老师呢?”

因此，我们当教师的，不要只是空谈“爱学生”，不要常常向别人表白“对学生负责”，学生更需要我们做的有可能只是一些小事而已。

给学生一个亲切的微笑，让其如坐春风；给学生一个信任的眼神，让其备受鼓舞；给学生一句安慰的话，让其心灵温暖。为眼睛近视的学生调一调座位，帮上学路远的学生换一换义务劳动的时间，和对人生有困惑的学生谈一谈心，给家庭贫困的学生一些不留痕迹的帮助，公平公正地排除学生间的小矛盾……

哪怕有的学生以后永远不会向老师直接表达谢意，但是他们只要一想起这些小事，就会感到美好，内心便会充满暖意，便会产生前进的动力。

让“多动症”的孩子快乐地成长

教初中一年级不久，一个调皮少年小余进入我的视野，因为几乎每天都有班干部、任课教师和他周围的同学告他的状，上课时他要么找人“摆龙门阵”、要么东张西望、要么玩小东西、要么就挪动凳子歪坐着……即使是上我的课，他注意力也时常分散。我找他谈心，问他原因，他说他自己也不知道是怎么回事，他也知道这样做不对，想克制就是克制不了。几次下来，我很生气，批评的语气和惩罚的措施也越来越重。他写的保证书也越来越多，可过不了多久，老毛病又犯了。我还给他安排了特殊位置——坐在讲桌的一侧，以便老师和同学监控，可情况也没有多少好转。渐渐地我觉得他不可救药，在我的批评声中，同学们也离他越来越远。好在他这个人从不记“仇”，尽管我批评他时他很不高兴，但过不了多久，他又主动来亲近我，对老师也特别有礼貌，无论在哪儿遇到总是热情地说声“老师好”。

我感到对他有些束手无策了，直到有一天他说他妈妈打工回来了，我才想到了让家长来配合教育。他母亲听到我说的情况，没有丝毫诧异，她对我说小余读小学也是这样，他有多动症。我一愣，半晌这才明白原来小余说的竟是真的——不是他不听话而是确实控制不住自己。他母亲说，曾经带他去看过医生，医生说情况并不严重，只要等他长大一些，会慢慢地好转的。我不禁有些内疚了，将近一个学期了，我只是一味地压制和批评小余，对他所作的努力从来没有认同过、表扬过，无视其内心的矛盾和痛苦，简直把他当作了学生中的“异类”，远离他、打击他……这无异于加速了他的“多动”。

对于这个特殊的学生需要不露痕迹的特殊教育，让他一步一步地改正。首先，我发觉他答问还比较积极，而且对有些问题的见解还很有新意，于是在课堂上我让他多答问，并每次都想方设法让他得到鼓励和赞扬。其次我还给其他教师说明了小余的情况，让他们对小余开个“绿灯”，一是对他“多动”不刻意批评，而是善意提醒；二是也让小余多回答问题，让他的注意力在多数时间不自觉地集中。我还要求其他教师注意绝口不提小余有多动症的事情，以免在他心里留下阴影，我认为这是帮助他的一条底线，否则好事的同学会以此拿他取乐。最后，我让他发挥优势，弥补不足。他的文科较差，但数学成绩每次都在中上，这表明他的智力并不比其他同学差。我叫他一定要保持自己的优势，至少要保持数学成绩不下降。在语文和英语方面，我和他一起背过课文、记过单词，并一起总结方法，加强对他注意力的训练。

3年来，他逐渐改正了上课“多动”的毛病，但实事求是地说，尽管我们一起努力过，同学们对他也再无反感，但他的综合成绩也只能在中等水平，所以去年只考上了一所普通高中。而对我最大的安慰是他初中毕业时，已成长为一个阳光少年了。

有这样一个学生

他是一个做实事的劳动委员

有这样一个学生，他叫小潇，是我班上的劳动委员。每天早上，同学打扫卫生的时候，他都在旁边指挥或督促，为的是让扫地的同学又快又好地完成清洁任务，早一些去吃早饭，然后多一些时间到教室早读。他也不是一个呆板的人，不时和这个同学聊聊天和那个同学说说笑话，同学在不知不觉间就轻松愉快地完成了打扫任务。

他也不是只当指挥官。在课间，教室后面有垃圾了，他会动手捡一捡；扫帚不整齐了，他会亲自整理一番。偶尔，值日生忘记擦黑板就出教室不能及时通知到，他会帮忙并在下节课后提醒。中午，同学擦洗教室外墙壁，他帮着去提水。下午放学后，他要等到扫教室的同学打扫完毕后，锁教室门，最后一个离开教室。

学校要搞全校性的大扫除时，我这个班主任不用操心，哪些同学准备劳动工具，哪些同学扫卫生区、扫教室、扫宿舍，他都能布置得井井有条。班上的清洁卫生问题，有了这样一个劳动委员，我可以全部放手，而同年级的清洁流动红旗，基本上每隔一周都能挂到我们班上。

他多次有效地劝阻了同学打架

小潇人不算高，但长得很壮实，据同学们说，一般的男生他能一手甩出老远。

一天中午，大家都在教室里抄写数学课代表布置的作业题。课代表在黑板上写得密密麻麻，小赵坐在第5排，因为眼睛有点近视，在取得班长同意后，把凳子抽到第2排小周旁边坐了下来。这下子小赵抄写的速度就很快了，不一会儿，就和平时很要好的小周悄悄地嬉戏起来。开始，两人还只是开着玩笑，突然小周大叫了一声“唉哟”，原来小赵的笔尖不小心刺到了他的手背。小赵正要问小周怎么了，小周却迅速地给了他一拳，这一拳让小赵猝不及防，小赵被打痛了。这下小赵也被激怒了，便还了手。这样两人你推我搡，打起来了，班干部招呼他俩，他俩也听不进去。由于小赵个子比小周高，很快，胜负就分出来了，小周根本就不是小赵对手。突然，小周提起了自己坐的凳子，向小赵砸去，第一下小赵避开了，第二下，眼看小赵就躲不了，小周的凳子就要向小赵的脑袋落下……

正在这时，小周的凳子被一双有力的手接住了，大家都吓了一跳，要是这一下砸了下去，就算小赵的脑袋不开花，也可能要出大问题。从小周提凳子开始，坐在倒数第2排的小潇就预感到事情不妙，起身前去劝架，快步走到第2排，刚好接住小周的凳子。小潇让他们先回各自的座位坐下，等我到了再解决问题。

班上男生的几次冲突升级，发展到要动手的程度或者已经动手，都幸亏有小潇及时进行劝阻，才避免了不必要的悲剧发生。

他在运动会上为班级争得了荣誉

小潇长得强壮，体育成绩好，尤其是短跑，有同学说他比兔子跑得还快，有同学说他简直就是一阵风。本学期学校举办冬季田径运动会，小潇参加了100米、200米的比赛项目。在预赛中，他都以较强的优势夺得第一名，轻松进入了决赛。100米短跑的决赛，在大家的预料之中，他跑出的成绩远远高于其他对手，夺得了冠军。

然而在200米决赛中，却发生了一点意外。小潇在前100米的比赛中，已超过了对手较长一段距离，但是突然间，小潇的脚一扭，居然摔了一跤。这一下摔得不轻，等他爬起来的时候，跑在后面的选手都超过了他。小潇咬紧牙关，又冲了上去，不一会儿，又超过了第4位、第3位选手。可最前面那位同学，显然也不是省油的灯，他在后来一路领先，速度也很快。剩下一小段距离，小潇还和他差了两步，小潇拿出全身力气追了上去，俩人几乎是同时到达终点。最终，小潇以很微弱的优势战胜了对手。

事后大家才知道，小潇在摔倒的时候，右脚膝盖和右手肘都被擦伤了，他是忍着疼痛奋力在拼搏。这一次，小潇为班级立下了汗马功劳，他还被评为了“优秀运动员”(每个年级1名)，校长亲自给他发了奖。

他是这样来管理本组纪律的

除了劳动委员，小潇还担任了班上的大组长之一，负责管理本组纪律。小宇就在小潇这一组。小宇在小学时就是有名的调皮大王，爱做小动作，爱“摆龙门阵”，进入初中后，这些缺点还是改不了。

那天第二节晚自习，英语老师因为有点事离开了，临走时特别吩咐班长和负责纪律的同学维护班上的纪律。

几分钟后，教室渐渐热闹起来了，班长不得不站起来，叫同学们保持安静，同时让各大组长管好自己的组员。有的学生怕被记名，便收敛了许多，教室里安静了不少。可是小宇并不在乎，仍然不停地找周围同学说话，小潇实在看不下去，便走到前面大声警告了小宇，小宇当时没有出声。可等小潇返回后刚一落座，他又肆无忌惮地谈论起来，小潇顿时被激怒了，他大步走到小宇旁边，把小宇拎了起来，不顾小宇叫喊，就把他拖到了教室外……不一会儿，小宇流着泪进来了，他伤心而又恨恨地对小潇嚷道："明天……明天……不告你……我……我……你等着瞧!"看样子小宇是挨了打。

小潇打小宇的理由是基本上每次违反纪律的都有他，昨天晚上更是太不像话。我告诉小潇不要说学生就连老师也是没有资格打学生的，管理违纪的同学，要动脑筋，更多的时候要用巧办法。比如，善意地提醒对方，态度要温和些，平时给他们多做一些思想工作，实在不听，就把情况记下来，向我汇报，由老师来处理。

小潇是一个留级生，以前读的那个班，大组长管理违反纪律的学生，有时就是要用武力的，这是有些老师的悲哀，也是农村孩子的不幸。我没有过多地向小潇解释为什么这么做不对，他怎能懂得这些连许多教师都无法弄懂的教育原则，我只是尽量用浅显的语言直接表明自己的观点。

后来，在老师的引导下，小潇向小宇道了歉。

他给数学老师打骚扰电话

如前文所述，小潇是一个能减轻老师工作负担的劳动委员，是一个有正义感且能在关键时刻排解学生纠纷的好学生，是一个能在体育比赛中为班级争得荣誉的优秀运动员，是一个能尽职尽责并听从老师教育的大组长。在期中考试中，小潇还考得了班上第一名的好成绩。但如果认为小潇就是一个完美的中学生，那就错了，他还有不少出人意料的举动。

有一次数学课，数学老师正在上课，突然手机振动起来，数学老师出去接电话，刚摸出手机，对方就挂断了。小潇和同桌小鹏却在教室里偷笑，原来是小潇他们在课桌下面故意打老师电话。那一周，我外出学习，晚上，有同学打电话告诉了我这件事，我立即拨通了小潇家里的电话。当时无论我怎么问，无论指出他将要接受什么样的惩罚，小潇根本就不承认那个骚扰电话是他打的。几经周折，直到后来小鹏当着父亲的面电话告知我，那个电话确实是小潇打的，有了证人，小潇才不得不承认。小潇在外地打工的父母也对小潇进行了教育，我要求小潇写好说明书，等我返校后处理。

我返校后，小潇在说明书上说他那天在手机上玩游戏，无意中拨到了数学老师的电话，从拒不承认到无意拨通，很显然是小潇在狡辩，我很明确地给他指出了其中的问题，好在他在说明书上认错的态度很诚恳，也对自己的错误进行了比较深刻的反省。从这件事可以看出，拿不到小潇犯错的证据，他会尽力掩饰自己的错误，但这种倔强和体育比赛中的倔强的意义是完全不同的，后者有益而前者有害。我们允许学生犯错误，但更希望他们能正确而主动地剖析错误并知错能改，我教育小潇时也作了这些道理分析。

他居然无理地动手打女生

那天地理课，老师让学生自习，小潇闲着无聊，向另一组的一个女生小艳传纸条聊天。组长小菊警告他们要遵守课堂纪律，小潇全然不听劝告，继续传纸条，不料在传的过程中纸条落在地上，被小菊捡到，没有还给他们。下课铃一响，老师一离开教室，小潇就像发疯了一般，大叫着让小菊还他纸条，不但如此，他的拳头像雨点般落在小菊身上，还用脚踢了小菊几脚，小菊就坐在那儿，一动不动，紧咬牙关，任其发泄。那时，小菊连哭都没哭一声。

马上，有学生报告我，我急忙从办公室赶来，把他俩叫到教室外。小菊见到了我，再也忍不住委屈，泪水夺眶而出，伤心地哭了起来。我先问小潇是怎么回事，他还理直气壮地说让小菊先说，不然会冤枉了她。等小菊断断续续地说完事情的经过，我愤怒至极。一般情况下，发生纠纷的双方或多或少都存在自己的错误，可是这一次，小菊为了维持班上的纪律，反而让自己忍受了一顿恶打，所有的错误全在小潇！我再问小潇，事情是不是这样，小菊有没有半句谎言，小潇承认事实就是这样。我尽力克制愤怒，还是忍不住推了小潇几下，并骂他不是男子汉，向一个弱女生动手。小潇的眼泪也下来了，他有些不知所措，双手抓着自己的头发，口里还小声告诫自己：“冷静！冷静！”当然，最先冷静下来的是我，我想即使现在不顾一切后果把小潇暴打一顿，帮小菊出一口气，也会于事无补，说不定反而把事情弄得更糟。

我先打电话告诉了小潇的母亲，她一听事情的经过也是气得半晌说不出话来，我把手机拿给小潇接听，小潇边听他母亲的教训边流泪。这时，我让小菊到医院检查一下，小菊说身上只是有点痛，用不着去医院。等小潇接完电话，我和小潇母亲达成一致意见，对小菊，该检查的检查，该治疗的治疗，一切费用由她负责。

后来，我又拨通了小菊父亲的电话，把情况给她父亲一五一十作了汇报，小菊接父亲电话后安慰父亲没有什么问题，最后小菊父亲也说没什么就不用去医院，至于打人的学生，他相信老师会正确教育的。我坚持要小菊到医院去，就算没什么伤，也要让小潇认识到恶意打人是要付出代价的，小菊却怎么也不肯去。

这一切，小潇都看在眼里、听在耳里，原来小菊及其家人对其如此宽容。不知是由于感动还是自责，小潇又流下眼泪。最后，我告诉小潇，如果小菊明天身体还有不适的话，还是应由小潇承担一切后果，另外，下去之后找一个最诚恳的方式向小菊道歉，只要小菊有一点不满意，这事不会就这么算了。

打人事件反映了小潇的霸道、易冲动等许多缺点，更深层的原因，可能还是出在那张纸条上。纸条虽然被撕了，小潇自己说是与小艳谈什么干哥哥干妹妹的问题，说穿了就是有“耍朋友”的思想，可能是怕被同学知道，更怕被老师知道，所以才不顾一切后果。小潇的这种思想问题不解决，他在求学这条道路上是走不远的。

他和教导主任的冲突

临近期末的一天，上午第二节课，因初中一年级学籍问题，教导处黄主任到班上点名，小潇双手交叉放在胸前，黄主任招呼他注意形象，他却一副桀骜不驯的样子，并且言语上对老师有所不敬。于是，黄主任上去用脚踢了他一下。小潇很不服气，一下子就激动起来，哭诉着老师不该打人，要不是数学老师在场劝阻，当时他就想还手……

当我赶到安全办公室时，小潇正站在那儿抽泣，他两臂微屈，双手紧捏成拳头，靠在腰下，委屈、愤怒、紧张、不安写在脸上，也通过肢体传达了出来。我了解情况时，黄老师说事情的经过，还未说完，小潇就大吼“老师就该打人吗”之类的话，并哭得更加厉害，双拳捏得更紧。我说：“小潇别激动，听黄老师把话说完。”“反正老师打人就不对”，小潇深深地记住了这一点。了解整个情况后，我说：“黄老师在处理方式上肯定欠妥，可是作为学生，小潇你也要知道自己错误在先……”我在教育小潇的时候，黄老师说有事忙把这个学生就交给我。办公室周主任也劝说小潇：“从刚才你的表现来看，你对老师的态度确实也有问题。”

大约半个小时过去了，我们举了很多例子、讲了很多道理，小潇似乎都没有听进去，他的姿势一直没变，他的抽泣一刻也未停。我和周老师都清楚，一定要让他冷静下来，否则将要发生什么事情很难说。好在第二节下课后他终于开口了，他说要见见原来班的小侯同学，那是他最要好的哥们，也是他原来班的班长。这个学生很会处事，学习成绩也好，这个我和周老师都知道。我到初中二年级（1）班找到小侯，简要地给他说了事情的经过，让他尽力安慰一下小潇。小侯一到办公室，小潇就抱住他大声哭起来，小侯一边用语言安慰他一边用手轻轻拍他的后背。我和周老师悄悄地走出了办公室，轻轻带上了门。几分钟后，我和周老师进去时，小潇已停止了哭泣，只是脸上还有泪痕，眼睛也有些发红。我让小潇擦干眼泪准备上课，同时也给小侯使了眼色，希望他以后继续做小潇的思想工作，小侯会意地点了点头。

中午，有学生转给我一张纸条，那是小潇写给我的，大意是他原以为我是遇到的最好的老师，可还是“天下乌鸦一般黑”，他很失望。我把小潇叫了出来，对于上午的事，和他讲了一席话，这时的他已比较冷静了，我说的话他基本上能够听进去。

他是一个矛盾体

期末考试前的一天，学生看完考号后，小潇主动来找我说他的名字打错了，我说考试时把自己的名字写准确就行了。考试结束后那一天，我让学生对本学期作一个自评，小潇写了自己的优点，也写了易冲动、做事不顾后果的缺点。看来，小潇对我多少还是有些信任的，同时也能认识到自己的不足了。期末考试成绩出来了，小潇的总成绩是班上第三名。

有正义感、有义气而又欺负同学、易做错事，严格要求别人而有时又放松自己，尊敬老师而又爱和老师顶撞，学习成绩较好而有时又贪玩好耍，性格坚强而又倔强易冲动，身体健康、体育成绩出色而心理和思想上又有些问题……小潇就是这样一个充满着矛盾的学生。从他身上，我们或多或少可以看出，其实每个学生都是一个矛盾体。和小潇不同的是，他们有的这方面表现突出些，有的那方面表现突出些；有的表现明显，有的表现隐秘。这就决定了教育学生的复杂性、艰巨性和长期性，我想我们作为教育者，只有深刻认识到这一点，才能让教育走向成功。

请停下辍学的脚步

下了晚自习，我到办公室放下课本，喝了几口茶稍作休息，便起身到学生宿舍去检查住校生的情况。

刚到操场，手机响了，我一看来电号码，不认识。我接了电话，那头传来一个焦急的声音：“请问符老师，罗露今天在学校吗？”

“在呀！”我略略停顿了一下，我才上了课，教室里并不缺人。

“您是罗露的家长吧？有什么事？”

“我是她爸爸，星期六她打电话来说不读了，今天就收拾东西。”

“哦，怎么没听她说过？”

“符老师，请您帮我开导开导她。我不准她到广东来，她说和另外一个同学商量好了，一起走。”

“那个同学是我们班上的吗？”

“可能是吧。拜托您了，符老师，她也许会听老师的话。”

“您放心，我会尽量说服她的……”

挂掉电话，不知不觉间，我已到了宿舍门口。这件事令我非常吃惊，想想平时的罗露，在学习上很认真，我并没有发觉她有辍学的念头。

不过，在上周日晚上（住校生星期天下午到校，晚上要上自习），我批评过一些上网吧的学生，其中女生就有罗露、唐春和邓静。唐春和邓静只是低下头任我教训，罗露反驳过几句，却遭到我更严厉的批评。是不是因为这件事？

还有，上学期罗露和我班一个流失生侯青青是好朋友，她们几乎形影不离，现在也肯定有联系，会不会是受了侯青青的影响？

我先到2楼男生寝室查看了看情况，嘱咐他们要遵守纪律，认真搞好清洁卫生，然后到5楼女生寝室（我校是一所农村初中，只有一幢学生宿舍，1～3楼住男生，4～6楼住女生）。

我把罗露叫了出来，她显得很从容，等着我问她。

“听说你不想读了？”

“嗯！”

“说说你的想法。”

“成绩差，读起没得劲，上课又听不懂。”

“哪些课听不懂?”

“数学的函数和物理的电路。”

“不懂就要问嘛，还有就是要为自己订一个目标，为目标而努力。”

“反正又考不上高中。”

“那像你这样说，一半左右的学生都考不上高中，是不是都不读书了?”

“各人有各人的想法。”

“是不是上次挨了批评，心里不舒服不想读了。”

“不是。”

“是不是侯青青约你到广东去?”

“也不是，是我自己不想读了。”

“侯青青的流失留给了我一个遗憾，我根本没想到放寒假她会去广东，而且直到开学的前几天她才发短信给我说不读了。我没有再去做她的思想工作，因为根本就来不及了，一是路远并下了大雪，二是她父母已给她找了工作……”

她不大吭声了，任我说。

“你爸爸打电话说，还有一个学生也想去广东了，是唐春，对不对?”

她点了点头。我转身又到寝室把唐春叫了出来。

“你也不想读了?”我问唐春。

“是的。”唐春小声地回答。

“有这种想法多久了?”

“这学期开学就不想来了。”

“你这些学生啊，不知道在想些什么。”我深深叹了一口气，“你们多大了?”

“我 15 岁多。”罗露回答。

“我要满 15 岁了。”唐春回答。

“听说侯青青一个月工资 600 多元，可从新劳动法颁发后，这是最低的工资标准呀！你们打算到广东去干什么?”

“还没想好。”唐春说。

“我也不知道。”罗露说。

“可我还有具体情况，我妈妈……我妈妈……”唐春忽然说道，声音也哽咽了，又说不下去了。

“花季年龄，你们的快乐和幸福应该在校园寻求，人生如此美好的时光不可能有第二次，我建议你们好好读下去，至少读完初中。侯青青不是说过她去体验1年生活，有可能还会回来读书吗？而你们两位，还有这个机会吗？今天晚上，你们再好好考虑一下。唐春明天老师再找你详谈，宿舍已熄灯有一阵了，我们不能打扰同学们休息。”

第二天早自习，我先了解唐春的家庭情况。

“昨晚你说你妈妈怎样了？”

“10年了，我没有见过妈妈，而且我说不读书了，只有爸爸安慰了我几句。”

“为什么他们不回来呀！”

“我爸爸不诚实，赌瘾很大，也许是没有多余的钱。”

“我知道你是跟着你爷爷婆婆的，他们总要寄生活费。”

“我不打电话催他们就不寄，而且寄的钱根本就不够用，我还有两个妹妹在读小学，我想不读书了，妈妈就会回来照顾妹妹她们吧！”

“你不读书了，妈妈就一定会回来吗？我看不一定。”

“我爷爷婆婆好辛苦，今年他们还种了十几个人的庄稼，有一次，婆婆生病，差点就……”她的眼泪像断了线的珠子掉了下来。

“正因为家庭情况，唐春呀，你更应该好好读书，将来才会好好地改善家庭状况，即使你去了广东，你能阻止你爸爸赌下去吗？何况，你能干什么工作呀？其实你爸爸虽然有缺点，但他还是很关心你的，那次他给老师发的短信也给你看过。”

……

唐春把所有的苦恼都倾诉了出来，我边听边安慰她，最后我说：“把你爸爸的手机号码留给我，我和他谈谈，至少应该让他和你妈妈多给家里打电话。”

唐春擦了眼泪，很听话地回教室了。

接下来我把罗露叫了出来。她和唐春都有辍学的念头，但原因却不一样。唐春主要是因家庭环境，而罗露则是自己思想上的问题。

我先没有问她考虑得怎样，万一她把话说满了，更不好收场。

“你有什么困难，老师会尽力帮你解决，你还记得上次你要调位置，老师满足了你的要求。”我从这儿切入。

她微微点了点头，眼睛盯着地面，静静地听我说。

“你爸爸坚决反对你辍学，他给我说过只要你在这个时候辍学，他不会管你。即使你勉强去了广东，你们之间必然会发生矛盾，何必把自己原本和睦的家庭弄得不和谐呢！”

“去干什么工作想好没有?”我继续问。

“不知道。”她瞟了我一眼，双手轻轻地揉搓着，语气很轻，不像昨晚那样振振有词了。

“这多盲目啊！所以你要重新调整一下思想，还记得我们刚学过的海伦·凯勒吧，她在学习上遭遇的困难比我们可大得多，况且只要你努力了，就算没考好老师也不怪你，好不好?”

这次她没有回答。

我又给她打了个比方:“假如你这次出去打工了，给你一份站柜台的工作（侯青青就是干这个的)，做了一段时间，你说工资太低了，加上没有双休日，你说你想换个工作；那好，再给你一份卖衣服的工作，不久你又说每天工作时间太长，你又不想干了；再给你一份陶瓷厂的工作，你又觉得又苦又累，又不想干了……一个人可不可能无休止地更换工作呢?你懂老师说的意思吗?”

“懂，您的意思是说，干任何工作都可能有不如意的地方，都可能要遭受各种各样的困难，学习上也是这样。”她其实很聪明。

“像你这个年龄，正是人生观、世界观开始形成的时候，有些想法很有道理，有些想法却不一定正确，比如，你因为学习上遇到困难就想辍学，采取逃避的办法是不可取的。你再下去好好想一想，你爸爸还等着我回电话呢。”

“谢谢你，老师！你不必再等了，我想通了，我应该读下去，至少读到初中毕业。”她诚恳地对我说。

“那就好，你爸爸说给你做了思想工作，回来后请我喝酒呢！”我松了一口气，笑着说。

她也不好意思地笑了。

这时，早自习的下课铃声响了，听到这“优美”的铃声，我的心情格外舒畅！

但我知道，事情还没有完全解决。唐春的父亲，我还得和他好好谈谈，唐春的心结，什么时候能给她解开呢？罗露的想法会不会有反复？教室里还坐着很多将来考不上高中的学生，他们能不能圆满而顺利地读完初中，也还是问题。我想应该在他们还未辍学之前，多观察、多沟通、多疏导，不要再留下遗憾。

匿名“卧底”

刚从学生宿舍回来，我的手机就收到了一条短信：“符老师，小华他们几个又到外面上网去了，这学期几乎每周他们都要出去一两次，出去后就住在小华家。消息请保密!”

我心里不禁有些纳闷，刚才在学生寝室清点人数时，小华还在寝室，况且他家距离镇上很远，每天早自习也没见有学生迟到，他们怎么可能到小华家住？难道是有学生在搞恶作剧？我先回拨了这个电话号码，对方却已关机；接下来又对照学生登记册，看是谁的手机号码，结果都对不上号。在将信将疑中，我只好暂且把这件事放下。

第二天，我和打扫卫生的学生聊天，说到各自的家庭情况时，有学生谈到小华的父母春节回家时在镇上买了一套二手房。听到这个消息，我才明白，原来那条短信里所说的小华的家是“新家”而不是“老家”，看来那条短信不是空穴来风。吃过早饭后，我通知小华寝室的 5 名学生到办公室，很快就弄清了事情的原委。原来他们 5 个人趁宿舍管理员不注意，在我查完寝室后，迅速翻围墙出了校园。他们每周出去一次，先去上一会儿网，然后到小华家去睡觉。

我首先把围墙的情况向学校作了反映，请学校加固了那段围墙。然后，我联系了小华在广东打工的家长，请他们配合学校工作，不允许小华在校期间回“新家”住。我庆幸这一事件很快就得到了妥善处理，否则这些孩子一旦上网成瘾或者翻墙出去在校外出了什么事故，麻烦就大了。作为班主任，最担心的就是对学生的某些情况不够了解，而出了问题还不知所以然；最理想的则是把一些事件处理在萌芽状态，不让其酿成恶果。通过这件事，我确信发短信的是班上的某个学生，但他（她）既然不愿意透露姓名和身份，我也就没有刻意去查找，更没有在班上宣扬这件事。

后来，我还收到另外一条消息，说周末班上某女生要和其他班的一个女生打架，双方定了地点，邀约了帮手准备群殴。我立即就此事展开了调查，果然确有其事。这件事是由学生早恋争风吃醋造成的，涉及 3 个班的学生，我们 3 个班主任和学校德育办教育了这些学生，有效地遏制了事态的发展。

不打小报告，不是老师特意安排的“卧底”，不是为了表现自我，也不是为了邀功领赏，反映的问题性质比较严重，消息很准确、及时，让班上不至于出“大乱子”，只有付出而不要回报，这样的匿名“卧底”可遇而不可求。一直到学生初中毕业了，我仍然不知他（她）是谁，我只有在心中默默地感谢并祝福他（她）！

最美的回忆

在村小教书时，多少次，走在泥泞的乡村小路上；多少夜，呆在孤寂无人的漆黑校园里；多少回，吃着用一个小小的煤油炉煮成的饭菜……我对自己说过好多遍：这种生活虽然清苦，但是将来必定会成为我一生中最美好的回忆！

1992年，我被分配到本镇九石坎村小学，接手最高年级的那个班教学和管理工作，因为村小基本上都是每个教师包一个班。我这个班一共20个学生，上学期期末统考成绩在全镇倒数第一。

教书没几天，我就有些疑惑：这些孩子都挺聪明，怎么学习成绩会这么差呢？教他们，我一点儿都不感到吃力。课堂上，上完新课，布置的作业他们大多能当堂完成。我就坐在讲台上，作业完成一个当面批改一个，学生不懂的或做错的马上讲，有几个基础差点的，最多让我牺牲一点课间休息时间。

接这个班不久，学生和家长的反映非常好，说我是一个能干的老师。除了语文、数学和自然（科学），我还坚持上了音体美等所谓的“豆芽课”，学生也很喜欢。

渐渐地，学生和我熟悉了，课堂上，我是老师；课下，我是他们的好朋友。课间，我们一起下棋、跳绳、打乒乓、修房子、滚铁环、打脚仗……凡学生玩的游戏，很多时候我都会参与，他们也乐于奉陪。

打乒乓和打脚仗是我最拿手的项目。当时没有乒乓球台，就在教室里拼上几张课桌，中间用一条长凳隔开，临时搭建乒乓球台（以前，这些可是老师不允许的，其他班现在也不允许），学生因为练习的机会少，球技不高，全班没有一个是我的对手，面对学生的啧啧赞叹和开心的笑脸，我的成功感和虚荣心得到了极大的满足。

打脚仗，本来就是我小时候最爱的游戏，那时我个子小也鲜有敌手，现在当老师了，人高马大，更是厉害。班上10来个男生一边，我一个人一边，单脚独立，跳过去就能“打倒”一个，他们只得纷纷躲避，速度慢的，一下子就被我“解决”了。有时，男生在女生的加油助威声中，鼓起勇气，对我围攻，我也毫无惧色，左冲右突，一会儿就把他们的阵脚打乱了。有时还剩下一两个狡猾的，和我隔得老远，我便激将："有本事过来呀！"他们却不敢，口里也不示弱："有本事你来追呀。"我追过去，可是上课铃声响了，我不得不"鸣金收兵"，于是学生说他们还没有输掉，最多和我打了个平手。

老教师看见我和学生玩在一起，有时当观众，有时当评委，背着学生时要么感慨"年轻真好"，要么含蓄地批评我"还是一个大孩子"。

星期天，我们还一起去春游、野炊，家长听说有我在一起，他们也很放心。大家一起看风景，一起跳啊、唱啊、闹啊，直到天快黑了才各自散去。

还记得有几个顽皮的学生约我去钓鱼，我说不会，他们更高兴、更得意了，打包票把我教会。几个孩子争着当我的老师，怎么制作渔竿，怎么绑鱼钩，在小溪或池塘如何选位置、如何扔线，什么时候拉鱼……当然我这个"学生"悟性较高，不多久就学会了，除了第一次比他们钓得少，后来每次都比他们钓得多。他们钓的鱼大多放进了我的鱼篓里，说是家长说的让我改善生活，回去说给家长听，还会得到家长的表扬呢！

那时家访的次数很多，也很特别。我班很多学生家里杀了年猪或者是有谁过生日，就会请我和学校的几位教师去做客。家长迎接、敬烟、敬酒，挺热情，我们拉家常的时候多，很少谈学生的学习和在校的表现，即使谈，我也从不说学生的缺点，只说优点和趣事，气氛很好，大家都乐呵呵的。

两年后，这届学生小学毕业，20人全部顺利升入初中，班级也荣获了片区村小综合评定一等奖。接着，我因自考汉语言文学专业大专毕业，被调入了邻镇初中。

村小尽管条件艰苦，但是每当我回忆起在村小的这段时光，就忘却了条件的不好，只记得那些幼稚可爱的学生、那些可亲可敬的老师、那些淳朴热情的家长……还有我奋斗的足迹。

第三章 Chapter 3 修素养

主题感悟

内外兼修，提高班主任素养

樊健老师在《摭谈教师素养的基本理念与践行策略》一文中提到，素与养，复合起来，即为素养，《汉语大词典》上解释为“修习涵养”，《现代汉语词典》上解释为“平时的修养”。《汉书·李寻传》有言：“马不伏枥，不可以趋道；士不素养，不可以重国。”把士与千里马并举，将士之素养、重国与马之伏枥、趋道相比，意指马需要补给营养才可以负重行路，士大夫也需要坚持素养才可以成为国家栋梁。陆游《上殿札子》有言：“气不素养，临事惶遽。”意指只有注重心理素养，才能做到遇事不慌乱。素养一词，在我国的文化语言系统中由来已久，其基本含义可概括为“人在道德、知识技能、态度、行为能力等方面的自觉、持续的修习涵养”。

对班主任而言，要有内在的素养和外在的素养。内在的素养是指高尚的思想道德品质、爱岗敬业的职业精神和较强的教育教学能力；外在素养主要指教师的风度仪表、精神风貌。班主任素养一般指由平时的训练和实践而获得的技巧或能力。

班主任只有善于提高自身的素养，才能达到人们通常所说的“好老师”的境界。日本有一个著名的哲学家叫池田大作，他曾经说过一句很生动的话，“一个人哪怕再成功，如果没有遇到一个好老师，他的一生也是很茫然的，但有了一个好老师就不一样”。苏霍姆林斯基也有一个很精彩的表述，说如果一个人没遇到好老师的话，他就可能是一个潜在的罪犯，如果一个人能够遇到一个好老师，他再坏也不会坏到哪里去。

由此可见，好老师对学生的影响之大。张文质先生也说，遇上好教师不仅是孩子的福分，甚至也是一个家族的福分；如果我们有这样的福分，我们一生都会有很好的方向感和一种可以汲取的并能最后转化为自我提醒、自我督促的力量，我们的生命会始终浸润在人性的光泽之中。

雨果曾说：“花的事业是尊贵的，果实的事业是甜美的，让我们做叶的事业吧，因为叶的事业是平凡而谦逊的。”教师的事业就是叶的事业，默默奉献自己的绿。教师只有充分吸收养分，提高职业素养，才能绿得让人陶醉。

早在春秋时期，孔子就提出了许多有关教师职业道德方面的理论，如“默而识之，学而不厌，诲人不倦，何有于我哉”，体现了一种有关“学”“诲”的师德；“其身正，不令而行；其身不正，虽令不从”，体现了一种“以身作则”“言传身教”的师德。此外还有有教无类、不耻下问、知过而改、因材施教、循循善诱等有关教师职业道德方面的著名言论，形成了我国教育史上的第一个教师职业道德规范体系。现阶段，我们中小学教师职业道德有爱国守法、爱岗敬业、热爱学生、教书育人、为人师表和终身学习等六个方面的内容。

在此，我侧重从班主任内在素养方面，谈谈如何培养班主任良好的职业性格。以班主任的严厉和温和为例，一贯严厉的班主任，令学生敬畏而不敢亲近，所以很多严厉类型的班主任不那么受学生欢迎；一贯温和的班主任，令学生亲近而易放肆任性，所以很多温和类型的班主任管不住学生。鉴于此，班主任应根据不同的场合和情景需要培养职业性格，要么严厉要么温和，要么活泼幽默要么民主诚信等，运用“换脸”艺术，做一个“善变”的班主任。“变”虽然是指“变化多端”，但它不是无条件的“阴晴不定”，不是让学生“难以捉摸”；“善变”就是要让学生清楚地认识到，在特定的场合和情景下班主任有特定的职业性格。这样，学生在逐渐摸清班主任“善变”的“底细”后，就会加强自我教育，从而较好地控制自己的言行举止并健康地成长。

当学生违纪时，做一个“铁面无私”的班主任。学生违纪了，首先最起码的态度是严肃，就算是轻微的或初次的违纪也是如此，不必多讲大道理，关键是看实际行动。我处理一般违纪学生时，一边讲一边用比较严厉的目光注视他，这种“惩罚”会让其印象深刻。其原则是老师少说，学生多作自我解剖和自我批评。对于学生违纪，如自习课上在“摆龙门阵”，我会用眼神和表情告诉他们——“老师比较生气”或“非常生气”，用“严厉”促使那些违纪的学生“忏悔”；或者把违纪的学生请到教室外，先让学生说一说经过或原因，然后有针对性地批评，批评的语言不多，不重复啰唆，但一字一顿，清楚明了，如果学生知错能改，不再加以惩罚。生气归生气，发怒归发怒，班主任要留意违纪的学生中哪些是班干部、哪些是小组长、哪些是平时表现不错的学生，批评后做好他们的思想教育工作，以争取让绝大部分学生遵守纪律。对于屡次违纪或严重违纪的学生，班主任可让学生干部把他们的名字记在教室后面黑板的“曝光台”上。接下来的几天，可采用恰当的方式对其进行惩罚，这种惩罚不是依据班规（很多学生失去对班规的新鲜感后，就会表现出无所谓的态度），学生根本就不知道具体要接受什么惩罚，如罚站、罚听写英语单词、罚义务劳动、罚说心里话等。总之，要让被惩罚的同学不希望下次再上“曝光台”。当然，无论什么惩罚，班主任都不应伤害学生的人格和自尊心，这是底线；另外，一般情况下，老师要在学生有所改正的情况下把事情告知家长，惩罚后拒不改正的也将情况告知家长，家校合作教育，效果更好。这些，老师可事先给学生作特别说明。

关心学生生活，做一个“温柔亲切”的班主任。学生的学习和生活联系紧密，如果生活充实、愉快，那么学习的效率则高、效果才好，反之亦然。还有，关心学生生活，能促进学生身心健康成长。我所带的班上曾经有一个女生小毛，父母感情不和，她自小是由乡下的外婆带大，和外婆的感情特好。上初中后，要上早晚自习，她不得已在街上的婆婆家住。据我了解，她婆婆也很喜欢她，可是小毛总想着外婆，有点排斥婆婆。我观察到小毛总是郁郁寡欢，为此，我专门找她谈心，告诉她大人的事小孩不要去管那么多，管也管不了，多一个人关爱也很好，况且周末还可回外婆家。每天来上课，她总要带些水果，我有时逗她："好香啊！连我都馋得要流口水了，是不是你婆婆给你买的呀?"她会微笑着点头。有时我说："好羡慕你呀！今天肯定又是你婆婆要你带的。"她很开心。渐渐地，她会和我谈一些关于自己与外婆、婆婆的事。有一天下雨，她婆婆给她送伞来，我让她出来拿的时候，既表扬了小毛在学校很乖很爱学习，也感谢了婆婆对小毛的关爱。她婆婆说："我的孙女在家里也很乖，我最舍不得了……"也许这是婆孙第一次真正的面对面的感情交流，婆孙俩的眼里都噙着幸福的泪水。我知道，从那一刻起，小毛完全接纳了婆婆对她的爱。果然，这以后，小毛比以前乐观开朗多了。

由于关心学生生活，我的历届学生都喜欢和我谈心，"家长里短"他们都愿意告诉我，他们生活上有困难会找我，生病了就让我安慰，有开心的事会和我分享。这一届新生，有个学习基础较差的学生小侯，或许是在小学怕班主任怕惯了，或许是被我"严肃霸道"的一面吓坏了，有什么话从来不敢对我说，每次都是"委托"其他同学给我说。知道这个情况后，接连几天，我都把微笑、温柔和亲切送给他，让他消除畏惧心理。终于，在一次丢失饭卡之后，他主动向我求援……

处理班级事务，做一个"民主诚信"的班主任。对于班级日常事务，包括每天的学习、纪律、卫生等，我尽量交给班干部、课代表和组长去处理。他们在处理时主要不是"人管人"，而是用制度来约束人、用威信来影响人。我要求班干部准备好一个记录本，把每天自己负责的事务记录好(难以处理的或者有较大意义和价值的记录得详细些，一般情况记录得简略些)，这样我无论表扬还是批评哪一个学生，都有了"事实依据"，而当时在场的其他学生也就成了"人证"。对于一些偶发的小错误，班干部已经做出处理的，我会"睁一只眼闭一只眼"。反过来，其他同学也可以监督、检举和揭发班干部。我还经常对学生说，我们这个班不是老师的也不是班长的，而是大家的，大家有什么意见和建议随时都可以向我反映，只要是合理的、科学的，我们一定会采纳。在学生的周记本上，我会收集到很多信息，如以前班上的小组一般由一竖排的学生组成，有个学生说这不利于纪律组长管纪律，如果以横排为小组，那么纪律组长能一目了然。经过讨论，我们采纳了这个建议。还有一些小事情，如个别学生要求调整其座位，我也不会武断地命令另一个学生调位，我会在另一个学生同意的前提下再调换他们的座位。对于班上的重大事务，我会尽量让班上每一个学生都参与，发挥学生的主人翁作用。比如，选举班委干部，从推荐、自我推荐、发表竞职演讲到全班同学投票，再到每学期重新选举，这个程序和规矩我一直都很重视。再如学校和班级要表彰“三好学生”“文明学生”“优秀学生干部”等，我都不会指定，而是由全体学生决定。由全体学生决定好的事，我也点头认可的，会不折不扣地支持和实施。上届学生在初中最后一个学期，在学习非常紧张的情况下，要求开一次晚会放松一下，我答应一定满足他们的心愿，不料原本确定好的日期却因为意外放假延迟了，学生返校后的第二天晚上，我让学生完成了这个心愿，学生因此而更加努力学习。

参与学生活动，做一个“活泼幽默”的班主任。多年的班主任工作，让我发现一个非常有趣的现象，班主任积极主动地参与学生某项活动时，总会有一大群学生围过来，有的和老师“交战”，有的在旁边呐喊助威。这是与学生“亲密接触”的大好机会。不管胜负，重在参与，班主任的“活泼”会让学生觉得亲切，如果班主任能在活动中“幽默”一下，那就更受学生欢迎了。我与学生打乒乓球，当自己失误时，我自我解嘲“台子短了”或“球栏高了”；当我得胜时，故意夸张动作或夸夸其谈。我还故意“使坏”，对个子矮小的学生我常打短球，有时又突然一颗长球；对身手不太灵活的学生我打“八字角”球，时而左边时而右边，有时又出其不意地专打一边；对球技很差的学生，我手下留情，打“温和”球，让其自然“自杀”；对性格内向的学生，我逗他边打球边说话……总之，我以动作、表情和幽默的语言让学生感到轻松自在，让学生笑声不断。

从学校交往的角度说，在学校，班主任除了和学生打交道，还要和任课教师、家长、学校领导密切接触。和任课教师相处，我的原则是“灵活机智”；和学生家长相处，我的原则是“主动热情”；和学校领导相处，我的原则是“不卑不亢”。

工作艺术

"爱情诗"事件

上晚自习时，教物理的刘老师正在讲解作业题，发现阿林和阿华一会儿窃窃私语，一会儿脑袋又凑在一起看什么，一会儿又在偷笑。刘老师边讲边加快脚步走到他们身边，发现他们正在研究一张草稿纸，他们来不及收藏，只得乖乖上交。刘老师一看内容，不得了，上面居然写的是几句爱情诗！刘老师当场训斥他们："不好好听课，写这些乱七八糟的东西，我看不懂，待会儿让你们符老师欣赏欣赏。"其他同学起哄："惨了哟！这下子栽定了！"阿林和阿华低下头，如霜打的茄子——蔫了。

下课后，刘老师把纸条交给了我，并说明了情况。我让刘老师放心，表示我会好好处理这件事的。

刘老师走后，我仔细看了这张有些皱的草稿纸，两面都是演算时写的潦草的算式，空白处歪歪斜斜地躺着这样几句"爱情诗"："和你在一起我只有一句话想说/和你在一起我好幸福哦……"该怎样来处理这件事呢？是严厉批评一顿，还是写检讨？是罚扫地还是罚跑步？

晚自习后，我带着那张纸来到学生宿舍，走到寝室里，其他学生要么吃东西要么嘻嘻哈哈，唯有阿林和阿华老老实实地坐在床沿边等我，他们知道：该来的一定会来……

把他们叫到寝室外，我指着那张纸问："是谁写的？"

"我写的。"阿林低着头小心地应答着。

"呵，没想到性格内向的阿林内心感情竟然如此丰富。"

阿华想笑但没敢笑出来，阿林也不敢做声，他们不知道我葫芦里卖的是什么药。

"和你在一起我只有一句话想说/和你在一起我好幸福哦……"我轻声念道。"主观感受写得不错——但大家真的会羡慕早恋的同学吗？"我接着问阿林。

“不会。”

“为什么呢?”

“早恋是不对的，会影响学习。”

“最后一句表明你的认识很清醒，和你在一起对方会不会感到幸福不能确定，幸好你还没把它传给你喜欢的女同学。”

“写着玩的，不会传出去的，因为那样会打扰别人。”

“哦，老师平常讲的你还是听进去了，其实写爱情诗本身并没有错。”我说。阿林把头抬了起来，和阿华一样有些惊讶地看着我。“错在哪里?”我问阿华。

“阿林不该在上课时间写，作为同桌，我不但没提醒他，反而还去凑热闹。”阿华答道。

“嗯，其实道理你们都懂嘛，写爱情诗抒发自己的感情可以，这是一种美好的情感，但我建议你们要注意时间和方式，课余时间把它写在自己的私人日记本里，作为自己的秘密，留给自己欣赏……”

阿林和阿华不住地点头，看起来是那么真诚而单纯。

老师，给你雨伞

星期三早自习，学生大声地朗读课文，我在教室里来回巡视着，偶尔有学生提问，我小声地做了回答。时间过去大半，外面突然刮起了风、下起了雨。不一会儿，风声渐小，雨却越来越大，风声、雨声和读书声交织成一曲动听的校园交响乐。下早自习的时间到了，雨还继续下着。由于雨来得突然，很多学生没带伞，只得冒雨快速地向宿舍跑去。有少数细心的女生带着伞，也大多是和另外一个没带雨伞的女生共撑，小心翼翼地前行。

我走出教室下了楼，驻足在底楼走廊边，望着这愁人的雨。我不大敢像学生那样冒雨去食堂，因为最近有点小感冒，淋了这雨，病情非得加重不可。正在犹豫间，忽然后面传出一个声音："老师，给你雨伞。"我回头一看，原来是徐威，他想把雨伞递给我。"那你怎么办呢?"我没伸手去接，而是先问他。"老师你放心，今天我起得早，早自习前已在食堂吃过包子了。"徐威真诚地说。"那好，老师谢谢你了。"我接过雨伞。"不用谢!"徐威甜甜地笑了。

到了食堂，我很快地吃过早饭，打着雨伞去菜市场买了菜，然后赶着回来上第一节课。我已经习惯了这种快节奏有规律的生活。提前几分钟到了教室，放好了伞。看到班上不少学生的头发都湿漉漉的，我调侃道："今天这雨下得可不是时候，害得不少同学都成了'落汤鸡'。"大家顿时议论纷纷，有一个学生大声说道："有人有伞却不打，还想故意体验一下'落汤鸡'的滋味呢!"我一看，是徐威的同桌潘阳在说。再一瞧徐威，他的头发不知怎么也打湿了。徐威正想制止他，可潘阳根本不顾他的暗示。"谁呀?"有学生问。"徐威呗，吃饭去得迟还有伞不打。"潘阳答道。"可真傻，早知就把伞借给我。""不知道人家是性格青年吧，表现个性。"学生七嘴八舌地说着。

我一下子全明白了，示意大家安静下来，然后说："徐威今天被淋雨，不是你们所说的那样，是他把伞借给我了。"听了我的话，大家惊讶不已，目光齐刷刷地射向徐威，要知道徐威不但是班上有名的调皮鬼，而且是一个马大哈，做什么事都很粗心。徐威的脸一下子就红了，他先微微张开嘴，想说点什么，但究竟什么也没说，接着把头低了下去。

我接着说：“今天，老师真的非常感谢徐威同学，要不是他，我也会像很多同学一样变成‘落汤鸡’，我的感冒也会加重。”我走到徐威身边：“徐威同学，请你站起来，把手给我。”徐威迟疑着，慢慢地伸出了右手，我紧紧地握住他有些冰凉的手，一连说了几声“谢谢”，郑重而诚恳地表达了自己的感激之情。徐威的脸因紧张和激动而变得更红，他的眼里分明噙着泪水……学生的掌声雷鸣般地响了起来。

以前，不知多少次，他的双手都承受过我的惩罚，被我打过手板，罚过扫地，甚至被我强行要求做过俯卧撑——美其名曰锻炼身体、磨炼意志。现在，我多想用我掌心的温度来弥补我的粗暴、温暖他的心灵。

以前，徐威在班上是被批评的对象，上课“摆龙门阵”有他，不认真完成作业有他，考试不及格有他，和同学闹矛盾有他，进电子游戏厅有他……甚至他还成了我嘲讽的对象，是班上的一个“反面典型”，每次给学生上“思想教育课”时都要点他的名。

然而，这次我明白了，徐威哪里算得上是一个“坏学生”？他在本质上不是一个“坏学生”，他的内心深处并不想做一个“坏学生”，只不过在平时我已把他简单地定义为“坏学生”，从来没去发掘过他的“优点”和“长处”。从这个意义上说，他的种种“坏”其实是我一手造成的，他的“坏”是我亲手贴上的标签。今天，徐威用他的行动和对老师的爱给我上了一节最好的“思想课”。

在如何对待后进生的问题上，我确实也该好好思量了。

老师，请看看我的作文

下午第二节下课后，我收拾好教科书，正准备离开教室，小徐跑上讲台，问我："老师，可不可以耽搁你一下？"我和蔼地说："什么事？你说吧！""就是……就是想请你看一看我在课外写的作文。"小徐有些羞涩，脸也有点发红，他是鼓足了勇气才说出这番话的。

难怪他的左手拿着一个本子，原来是他写的作文。"好啊！"我一边接过作文一边回答，他递给我作文的手还在微微颤抖着。小徐的这一举动纯粹在我的意料之外，我还记得，在国庆长假时给学生布置的作文和日记，小徐一篇也没完成，为此我还找他谈过话，批评过他……现在，他主动拿课外作文给我看，我虽然有点惊讶，但更多的是惊喜，当然不会拒绝。

我先看了看题目，是"记一次野炊"，大致浏览了一下，字写得不算好可很工整，表明他是非常用心的。我再翻开一页，居然还有，一直到结尾，竟然写了4页多。我忍不住低声赞叹："哇！写了这么多啊！"小徐很自豪地点了点头："我利用课余时间写了两天。""嗯，不错，不错！"我连声夸奖，其实主要是表扬他的学习态度和进取心。

小徐站在我旁边，双手十指交叉在一起，放在胸前，不停地绞动，脸上除了带点羞涩外更多是微笑。看得出来，得到了老师的肯定，他非常高兴。

这时，讲台周围已经站满了好奇的学生，听到我和小徐的对话，大家一会儿看看我，一会儿看看小徐，有些学生的眼睛中分明流露出对小徐的佩服和羡慕。

小华忍不住高声问小徐："你写的是真的发生的事？"

小徐答道："是啊，那个星期天我和哥哥一起去了马龙岩，我们真的野炊了，还烤了红薯呢！"

小宇接着问："写这么长的作文好吃力哟，不知你是怎么写出来的。"

小徐回答："我先构好思，分了几次写出来，觉得很自然，不怎么费力。"

大家七嘴八舌地议论和询问，此时的小徐好像成了焦点人物，侃侃而谈，一一回答了“记者”们的问题。

过了一会儿，坐在第一排的小精灵小红对我说：“老师，可不可以让我先学习一下?”我正想带走小徐的作文，回去认真阅读和批改，听小红一说，我顿时有了更好的办法：“当然可以，不过，要像我们写读后感一样，要留下你阅读的痕迹，至少要签名，能修改和写评语最好。”

“嗯，行!”小红爽快地回答。

我把小徐的作文递给了小红，再对周围的学生说：“等小红读了，其他同学愿意读也可以读，但要注意两点，一是课外时间读，一是读了之后要有点表示。”

我话音刚落，有的学生已经联系小红了。一个学生写出来的作文能拥有一批读者，那是对他最大的肯定和欣赏了。学生对写作文不感兴趣，其主要原因之一可能就是只有老师这一个读者，所以无论老师如何精批细改，学生只是把写作文当作一种学习任务，弄不好这个任务还会转化为学习负担，所以作文水平难以提高。

我离开教室时，小徐已经坐在了自己的位置上，若有所思，此刻表面平静的他内心应该正在掀起巨大的波澜……

3 天后中午自习时，小徐的作文本才静静地躺在讲台上。其实在小徐以前，班上已经有好几位学生把课外练笔的作文单独拿给我看，我每次都给他们提修改意见、写批语。我在班上号召过学生多读多写，并随时可以把写好的作文、日记或读后感拿给我看，如果很优秀的，我会抽时间打印出来，当达到一定数量后就编成《优秀作文集》。为此，有几个学生得到了我的表扬。

翻开小徐的作文本，那篇作文从正文内容到旁批到总评，不少地方添加了红圆珠笔的字迹，有的是修改，有的是建议，有的是赏析，有的是心里话……中肯的或令人感动的地方不少。我一边看一边思考：对了，以后学生单独写的课外作文，我都可以先让一些学生阅读评价，大家既能互相学习，共同提高，同时又能对作文产生兴趣。

读完小徐的作文后，我把学生批改的一些地方加了着重符号，等一会儿让小徐重点阅读。我也表达了自己的看法，肯定了这篇作文是“我手写我心”，写出了真情实感；同时指出了不足，如个别地方的语言表达等方面的不足；然后，我跳出作文的思维和小徐交流了思想。小徐受家庭环境的影响大（他从小都是由婆婆带大，他的父母感情一直不和，去年已离婚，他被判给了父亲），学习基础不好，还有贪玩等许多缺点，而这次他表现得特别好，所以在评语中我鼓励他继续努力，并以此为契机，由爱好作文扩展到爱生活、爱学习……

几乎花了大半个中午的时间，我才把小徐的作文点评写好，当我把作文本还给小徐时，他拿得小心翼翼，好像捧着珍宝似的。我看见他打开作文本，专注地阅读着，他正在和我们无声地交流着，渐渐地，他的眼里发出异样的光彩……

一道特殊的作业题

2011年元旦这天，我收到好几个学生发来的手机短信，内容大致相同，一是祝老师新年快乐，一是抒发对昨天那道“作业题”的感慨。其中一个学生的短信这样写道：“符老师，祝您新年快乐！您的那道作业题带给了我们多少惊喜和感动啊！谢谢您！我最敬爱的老师！”

2010年的最后一天，学校安排我下午出差，我估计放学前不能返校了。以往放假前我都是在下午放学后给学生布置适量的语文家庭作业，假期结束后由我亲自监督组长和课代表检查语文和其他科作业，这已经成为一种习惯。

我琢磨着元旦这3天给学生布置什么作业……

上午第一节快要下课时，我给学生说了要出差的事情，至于语文作业，照例在放学后布置。然后我变戏法似的摸出一个信封，指着它说：“语文作业就在这里面。”“唉——”不少同学叹息，“快期末考试了，这3天的作业肯定不少！”“你们想错了！”我说，“这里面只有一道题而已。”“一道题?”大家都很惊讶。“这道题说简单不简单，说复杂不复杂，只要你们真的用心去做，很快就会完成，反之，则要花很多的时间去做，还不一定做得好。”我故作神秘地说。接下来，我强调了任何学生不得因为好奇而先打开这个信封，放学后，由值日的学生打开，大声宣读作业。

我的这届学生又进入了初三，我和任课教师整天让他们遨游于题海，经常教育他们好好读书好好学习，每一个假期都会留很多作业。还记得初二的那个圣诞节，学生因玩乐而忽视了中午自习课纪律，被我狠狠地批评了一顿。从此之后，什么节日、生日的庆祝活动学生都不敢公开了，他们知道在老师的眼里节日也是平常的“作业日”。

就在那天思考布置什么作业的时候，我突然动了“恻隐之心”，这些孩子正处于人生最美好的时刻，他们有血有肉，情感丰富，怎能老把他们当作学习的机器呢? 2011年即将来临，为什么不给他们一个最简单、最起码的祝福呢?

于是，我真诚的用笔写下这样一句话：“祝全体同学新年快乐!”把它装到信封里，在2010年最后一天，作为一道特殊的语文作业，同时也作为一个小小的礼物送给我的学生。

把微笑及时送给学生

这学期，我新承担了初三（4）班的历史课教学任务，开学第一天上午第四节课便是初三（4）班的历史课。上完新课，还剩下几分钟时间，我让学生自由看书或预习，自己走下讲台来回巡视。走到最后一排时，我的目光突然被一个学生课桌上的“文字”所吸引。他的桌面上赫然写着两行“大字”，上面一行8个字——顺我者昌、逆我者亡；下面一行也是8个字——不是你死、就是我亡。这两行大字均由蓝黑墨水“浓妆艳抹”，显得十分刺眼。

或许是我关注那两行字太久，这个学生抬头看了我一下，似乎觉察到了什么。我小声对他说：“课桌上的格言不合适啊!”他也小声地声明：“老师，不是我写的，这是一张旧课桌，那两行字原来就有。”我向他友好地微笑了一下，表示已经听明白了。邻座的学生转过头来，看着那两行字，一边小声地笑一边念了出来，并发表了简短的评论：“嗯——不好!”我赞许地点了点头，同时也示意不要再说下去了，然后走开了。

等我再次绕回来的时候，那两行字已被蓝黑墨水完全覆盖了，形成了8个蓝黑的方框。新鲜的墨水还未全干，在阳光的照耀下有了些光彩，只不过仔细辨认，那几个字还是能认出来。

我没有想到，这个学生这么快就对其作出处理。我轻轻地拍了拍他的肩膀，说：“涂掉它是对的，免得它在无意中侵害你的心灵。”

“老师，下课后我会用小刀刮掉它的。”这个学生想出了更好的办法，我再次送给他一个微笑。

第二周来这个班上课时，那个学生课桌上写的那两行大字已经“烟消云散”了。他果然没有食言，用小刀刮掉了它们。在上课时，我结合教学内容十分巧妙地表扬了他。我发现他听懂了我在表扬他，有些不好意思，同时又有些自豪。

再后来，听初三（4）班班主任和其他任课教师说，那个学生是班上最调皮的学生之一，经常在课堂上捣乱，有一次还在课堂上和老师吵了起来……我上历史课却一点也没有感觉到，就算是他没有认真听讲，也不至于故意违反课堂纪律。在课后我曾遇见过他几次，每次他都很有礼貌地向我问好。我想，或许就是最初的那节课，我及时送给了他微笑，同时也送给了他尊重和信任吧！

教师违“规”与学生同“罪”

新的一学期又开始了，经过一番紧张激烈的角逐，新一届班委产生了。紧接着新班委修订班规，革新惩罚方式，把原来的写说明书改为背诗词、讲故事、写命题作文等。

一切准备就绪后，班会课上，班长详细地陈述了班规。我大力表扬新班委有头脑、有见识、有气魄，然后我“假惺惺”地问：“看看同学们还有什么意见和建议?”谁知讨论下来，有一位学生发话了：“请教老师，班规针对的对象有哪些?”“这个还用请教啊！当然是全体同学了，难道你在外吗?”我轻松而有点幽默地回答。“可一个班，除了全体同学外，还有谁啊?”他追问道。“还有你们的老师，包括我喽。”我不假思索地说。“您作为我们的班主任，可不能逍遥于班规外啊。”他道出了真正的意图。看到他和很多学生一脸的诡笑，才明白这小子原来在给我“下套”。我故作镇静地说：“哼！难道老师还不能遵守这小小的班规吗?”“耶——”教室里立即响起了一片欢呼声……

我第一次违反班规是因为在教室抽烟。星期四下午一、二节是作文课，下课后学生休息，我继续琢磨作文评语，不自觉地拿出烟来，点上吸了几口。值日班委来了，“老师，下课都不休息?”她笑呵呵地问。“我再看看。”我没在意，也没抬头。“可是，可是……”她半天没说出来。“吞吞吐吐干什么，有什么事就说啊!”我说。“可是，可是您在教室里抽烟了。”一个男生快嘴接道。我这才一惊：糟了，这可违规了。“这次原谅您吧!”有学生高声喊道。“这是什么话? ‘王子犯法，与庶民同罪’，我该被罚。”我故作严肃状。

晚自习时，我当着全班学生作了“检讨”，自罚背诵语文课本上的《诗词五首》，这几首诗我本来就比较熟悉，再加上下午第二节课默记了很多遍，所以背来不但流利，而且很有感情，赢得了学生的阵阵掌声。看着大家佩服的神情，我心里还有几分自得，这次错误犯得好，给学生做了一次榜样。

第二次违反班规是因为上课迟到。那天一个家长到办公室找我了解学生情况，耽误了几分钟，说我违反了班规本来是很委屈的，但我不想让学生说我找托词，学生眼里看到的是我迟到的“事实”，更何况上次那种被罚的滋味还挺好的，我正想再次展示个人才华呢。下课后，班委来了，还神秘兮兮地说这次要加大一点惩罚的力度，某同学提供了一本古文书，他们给我指定了要背诵的篇目是李白的《蜀道难》，还说对我手下留情，没让我背白居易的《长恨歌》。

那一整天，我便是在“蜀道难，难于上青天”的吟咏声中度过的。第二天早自习，我总算完成了任务，虽然同样赢得了喝彩声，但实际情况却是“心头有点虚，脸上要稳起”而已。

不知道下次违规，我又将面临怎样的惩罚，但我知道，每次违规后的表现会影响到每个学生对违规的态度。不过，以后我还是要小心，争取不再违规了。

怎样摆脱“开学综合征”

开学，当班主任的教师易患上“开学综合征”，一是除了教学工作，班主任还有班务管理工作，特别是开学期间，班主任要家访、进一步了解学生学习情况和心理动态、规划班级发展、新建或改选班委等，工作量比较大，更容易焦虑；二是班主任要面临优秀的任课教师和优秀学生的变动问题，很容易产生失落感。

最好的任课教师被换了

李老师和本班任课教师配合默契，所带班无论是班风还是学风都走在同年级前列，但是在开学会议上，学校宣布，教英语的张老师要担任初中一年级的班主任，不再任教李老师的班，李老师班的英语课由王老师负责。李老师听到这个消息，心里很不是滋味。谁都知道，不管是论责任心还是论教学能力，王老师都远不及张老师，更重要的是，张老师在学生的心目中较有威信，大部分学生都喜欢她，这样一换，学生学习英语的积极性可能会受到很大打击。

那么，该怎么做呢？向学校领导诉苦、自己辞去班主任不干、抱怨现实……李老师焦虑、担心、不安。会后，李老师终于让自己完全冷静下来，消极对待无助于问题的解决，李老师决定积极寻找对策。

下午，李老师主动找到了王老师，其实，王老师内心也很不安，她清楚地知道李老师的班是个好班，尤其是英语学科，从进入初中到现在，成绩一直在年级遥遥领先，要是在会上或会后，李老师对此大吵大闹，自己会很难堪。

但是出乎意料，李老师很热情地介绍本班的学生情况，特别提到英语这个学科，同时也很诚恳地表示要和王老师合作，一起带好这个班，这让王老师很感动。

随后，李老师又做了一件事，通知班上的班干部和英语课代表到校，做好这批骨干学生的思想工作，然后让他们做好其他学生的工作，要使全班学生从内心深处接纳王老师。

后来，李老师还让班干部和英语课代表先报名，主动去和王老师谈心，主要是告诉王老师他们是怎样学英语的，让王老师具体地了解学情。看到学生也如此信任自己，王老师产生了一定要教好这班学生的强烈愿望。

开学第一天的第一节课，李老师安排了新老师和学生的见面会。李老师当着全班学生的面讲了王老师的许多优点，使王老师在学生心目中树立威信。王老师也具体谈了怎么教英语这一学科，并请学生随时给她提出意见和建议。

一个学期后，该班的英语成绩仍然在年级中保持着优势，王老师的责任心大大增强，教学水平也大大提高。为此，王老师还被评为了县优秀教师。

李老师的“开学综合征”当然也就治愈了。

最好的学生要转学了

开学报名那天，天气很好，久违的太阳露出了笑脸。校园里已有三三两两的学生出现，沉寂了一个寒假的校园又热闹起来了。

陈老师打开教室门，刚把手中的东西放好，杜青青和毛玲玲就飞跑进来，口里喊着：“老师，新年快乐！”陈老师问了些她们假期中的情况，话题聊到班长李英身上后，学生告诉陈老师听说她要转学。

陈老师心里隐隐有些不安，寒假里陈老师曾见过她一次。她说她家在县城买的房子已装修好了，还特意叫陈老师有时间到她家玩。其实那时陈老师就有点预感，只不过她从没提要转学的事。果然，不一会李英和她外婆来找陈老师，说明了情况。原来她父母要去打工，弟弟已办好了转学证，弟弟很调皮，但听李英的话，需要李英平时管着；爷爷婆婆也从乡下搬到城里了，他们年事已高，有时也需要她照顾。然后李英把转学申请书递给陈老师。陈老师给李英讲了许多道理和理由，李英答应可以不转学，但是后与李英家长电话沟通，无论陈老师怎样做思想工作，李英的父母就是坚持要把李英转到县城中学去。

这让陈老师感到很失落。李英昔日的表现在陈老师的脑海里挥之不去，从学习到纪律到各项活动，对学生而言，她是一个好榜样；对老师而言，她是一个好助手。

李英和外婆没有拿到转学证，下午回县城去了。

报名渐渐接近尾声，窗外的阳光不知不觉消失了，陈老师对李英要转学的问题认真思考一番，觉得自己太自私了。即使李英能勉强留下来，周末她和弟弟必定得奔走于县城与乡镇之间，很是麻烦；况且，毕竟县城中学的教学条件要好，教学质量要高，她的前途要远大得多。真的关爱一个学生，要为其前途着想啊！老班长走了，新班长也可以培养嘛。陈老师渐渐想通了。

接下来，陈老师召集任课教师，把李英转学的情况给老师们作了通报，详细介绍了其转学的原因，得到了任课教师的理解。陈老师也简单地陈述了培养新班长的计划，取得了任课教师的支持。

第二天，陈老师在学校办好了转学证，很平静地托李英的一个亲戚送去。李英在县城学校报名后，给陈老师打来了电话，师生之间聊了很多……

当然，一方面，班主任可以用自己的主观努力，主动谋划对策以摆脱“开学综合征”。另一方面，学校也可以做一些工作，以有效地缓解班主任的心理压力。学校管理者应未雨绸缪，开学前创设一些情境或搭建一些平台让班主任和其他教师释放压力。比如，请专家作教师励志方面的报告，倡导教师任读一本教师幸福成长方面的专著，从而提醒教师关注自我心理健康，除去心理障碍，做一个幸福的人；比如，召开班主任工作会议，让班主任“诉苦”，说出自己担心的问题，发泄出内心的郁闷，同时学校表示出关注、理解和支持的态度，让班主任了解工作中的困难或困惑不仅仅是个人的，帮助班主任克服困难或解除困惑也是学校分内的事。

教师的宽容和爱取决于心态

面对同一问题，看问题的角度不同，心态就不同，得出的结论可能恰恰相反。很多时候，教师对学生就是这样。

我作为副科教师，在别的班上课时，脸上总是洋溢着微笑，以期学生对我打开心扉。有个别学生不认真听课，甚至违反了课堂纪律，我也总是善意地提醒或者幽默、友好地教育，效果很好。有时课讲完了，还有一些时间，有个别学生睡觉，我也看得很开：也许是他有些感冒，也许是他确实很困乏……不去打扰他，更不去批评他。因此，这些班的学生给我的评价是“和蔼可亲”，在很多场合遇到我会道一声“老师好”。

然而，我作为班主任、作为语文教师，在本班时，情况恰恰相反。对于本班的学生，我一向是板着脸，摆出很严肃的样子，让学生敬畏我，不愿把微笑时常挂在脸上，担心万一失掉了威信。在语文课上，我要求学生精神抖擞，要求学生在我讲的时候注视着我，要求在我写板书的时候看黑板，学生稍有分心，我的目光便像利剑一样“刺向”他们。不用说违纪，那将遭到严厉的批评和惩罚。就算是自习课或其他课，只要我知道了谁不认真，我也不会轻易放过。好像我的善意、我的幽默、我的友好不是拿来给本班学生的。因此，我班上的学生对我是“敬而远之”，就连平常看到我就像老鼠见猫一样躲得远远的，有时我心里还很不是滋味：白教了你们，都不知道尊敬老师！

其实，如果我少一些功利思想，或者不过高要求本班学生，一直保持做副科教师那样的心态，就能给本班学生更多的宽容和爱。

教师看待“优生”和“学困生”也是这样，如他们同样在看书，我们总认为“优生”在认真看，“学困生”在敷衍了事，不时地提醒“学困生”注意力要集中；同样在讨论问题，我们总认为“优生”在积极讨论，而“学困生”呢，也许趁机在“摆龙门阵”……

我们常常自以为对待学生是“一视同仁”，而事实上，我们正在“不公平”地对待学生。那么，就请我们摆正心态，把宽容、爱和信任给予每一个学生吧！

不做分数和名次的“奴隶”

期中考试，各班各科成绩尘埃落定，学生的成绩输入电脑，成绩单打印出来后，分数和名次一目了然。有的班根据名次从高到低让学生自选座位，有的班把成绩单贴在教室醒目处……

我拿着成绩单，在全班公布了两个数据：本次考试各科的班平均分及第一名的总分。这两个数据能让每个学生大致了解自己的学习情况。学生要想知道自己的名次可以单独向我询问，我也会逐个告知他们的名次，在这个过程中，和每个学生谈一谈心，对他们进行鼓励或指导。

我没有当众公布学生的总分和名次，是因为考虑到要保护班级平均分以下学生的自尊心。学生考得不好的原因是错综复杂的，有的是学习基础太差，有的是家庭教育有较大的问题，有的是学习习惯较差，有的是学习方法不科学……不能一刀切。

在总结时，我表扬了一部分学生，目的是让全班学生明白他们取得好成绩或较大进步，是由于他们学习态度端正、学习信心十足、学习方法科学、在学习过程中付出过汗水和心血等。我列举了其中一些学生的具体事例，如小张朗读时声音洪亮，意味着有学习劲头；小李听课时眼神明亮，表明在聆听的同时也在思考；小刘课堂上回答问题积极；小王做作业一丝不苟，且大多数时候能够又快又对；小陈在家里从不看电视，善于休息也善于学习，有较强的自制力等。让其他学生感觉老师不只是在讲大道理，也让他们找到学习的榜样。

针对学生数学的计算失误多、语文的基础复习不到位、英语的考试题型不熟悉等现象，我给学生布置了“假如我重新考一次”的任务，我说：“这一次的成绩，就是你经过努力将来能取得的成绩。”通过总结教训，不少学生惊喜地发现，自己的学习成绩还可以提高很多，然后再去总结自己的经验和得失，就避免了对学习空洞的总结，增强了对学习的信心。

我还指定了几位学生做好准备，把自己的学习心得和学习方法介绍给大家，这样让学生进一步明确学习成绩好的同学到底是怎样学习的，并结合自己的实际拟定好下半个学期的学习计划。尤其是有一位学生无私地向大家推荐了《学习没那么难》这本书，她说她在其中受益匪浅。这本书里介绍了如何学好语文、数学和英语等科目，内容丰富。为此，我专门花了两节课作专题讲解，比如，作者的快乐数学学习“三部曲”——把课本“吃透”、掌握一定的做题技巧、学会总结，对学生的启发很大。

因此，关注学生的学习，班主任不应从分数和名次直接入手，不让学生做它们的“奴隶”，只是让它们为教师的教和学生的学服务。长此以往，班级内外的抱怨之声必将大大减少，和谐之音会常常响起。

不要给孩子贴上“贫困生”的标签

开学的时候收书本费，我班学生小 A 因家庭困难被免除了这笔费用，而且在县妇联组织的“资助贫困学生手拉手”活动中，还获得了分给我校的唯一一个赞助指标，每学期有县妇联资助的100元钱和一些学习用品。我感觉小 A 同学真是太幸运了。记得我上小学时几十元的学费都交不起，每学期都有几名小伙伴因此而辍学，小小年纪去放鹅、放羊、看弟弟妹妹，何时敢想能有如此优越的待遇，他真应该心怀感激才是。

可事情的发展往往偏离我们的设想。前些日子，我班有一名学生在家帮父母晾晒麦子时，不慎从房顶上跌落下来，头部严重摔伤，造成颅腔积血，要做大手术，需要很大一笔钱。农村家庭无力支付巨额手术费，为此学校组织全体师生给这位摔伤的同学捐款，老师、学生纷纷伸出援助之手，多则五六十元，少则一两元。在这次爱心资助过程中，让我吃惊的是我班竟只有小 A 同学没有捐款，是因为他家困难到如此地步吗？据我观察，他平日里零食不断，捐献一份爱心并不困难。为了不伤小 A 同学的自尊，我让班长私下里同他谈谈。班长回来告诉我小 A 的一番话，不禁让我出了一身冷汗，小 A 说：“我是贫困生，别人资助我是应该的，我哪有钱去资助他们呢？”

前几天，学校统一组织打防疫针，缴费时，小 A 向医生提出他是贫困生，应该减免他的费用。在小 A 的内心世界里，外界每收他一分钱都是不应该的，因为他是贫困生。“贫困生”似乎已经成了小 A 同学的“金字招牌”，到哪里都想拿它开道。他在与同学交往的诸多小事中也处处表现出了这种倾向。人穷不可怕，可怕的是志穷，更可怕的是由此而造成的心理上的扭曲。

这个事例决非特殊，在学生群体中还有为数不少的学生或多或少存在着类似的迹象。社会、学校已给了他们很大的照顾，他们不但不感激，反而理直气壮地觉得这是应该的。对这类学生，我们真能“哀其不幸，怒其不争”。但是，教育工作必须继续，我该如何转化这些处处要求别人照顾、怜悯以至人格发生扭曲的“可怜虫”呢？他们毕竟只是孩子啊！

小A是个小学生，凡事总是拿“我是贫困生”开道，这正是由于其年幼无知而造成的。当他渐渐长大，读到初中、高中、大学时，他还会标榜“我是贫困生”吗？那时他很可能走上另一个极端——因“我是贫困生”而极度自卑。

案例中描述的两个典型事例其实都是对他进行教育的有利时机，因为教师熟悉他家庭情况，事先完全可以和他单独谈心。如第一件事，老师和他谈的时候他也可能如此说：“我是贫困生，别人资助我是应该的，我哪有钱去资助他们呢?”教师可以指出：“每个学生都应该有爱心，正如你一样，要不是国家、社会和个人的‘爱心援助’，你就得不到任何支持，不管你的家庭有多么贫困。困难是相对的，需要做手术这位同学目前的困难要大得多啊！他更需要同学们包括你的爱心!”让小A认真体会一下其中的道理。谈话中老师要鼓励小A在思想和行动上不落于人后，只要能明确这个道理，如果确实没有钱，老师可以拿点钱帮他实现愿望——“以你的名义捐款”。

对于打防疫针，要让小A明白，因为疫苗需要成本，所以只要注射了疫苗就要付费，不过鉴于他的特殊情况，可以先让他向学校或医院写一个书面申请，看看学校或医院能不能帮他解决这个困难。老师应该指出：“如果给你免费了，你是不是可以简短地给他们写一封感谢信。你看，平时同学即便是得到了别人小小的帮助，也会说一声‘谢谢’来表达感激之情，这不但是一种文明礼貌的表现，也是一个学生应具备的素质。”

对于纪律、学习、卫生及其他方面，一方面教师不可采用“给贫困生贴标签”的教育方式，比如贫困生某一方面表现得好，教师切不可说“瞧，某某同学的家庭条件那样差，但……”；贫困生某一方面表现得好也不可说“你这个贫困生，亏得大家如此照顾，还是这副德性……”。否则会让贫困生牢牢记住自己的身份，要么非常自卑，要么非常自大，影响心理健康。一方面教师要教育小A懂得贫困生并不特殊，并没有什么优越性，除了家庭贫困这个事实外，什么都和其他同学一样，不要认为事事都应“优待”。贫困生也可能“成龙”也可能“成虫”，关键是看接不接受老师教育和自身努不努力。

德国教育学家斯普朗格曾说过，“教育的核心是人格的心灵的唤醒”。作为教师，我们要清醒地认识到，贫困的孩子也像一株幼苗，在成长的道路上，既要经过阳光的普照又要经受风雨的打击，不要指望只给其一抹阳光便可让其茁壮成长，我们既要给它培土、施肥，还要给它捉虫。

总之，给学生贴上标签的教育不可取。这样可导致学生把自己定位成“我是贫困生”“我是优生”“我是差生”等，于是便出现“优生”什么都“优”、“差生”什么都“差”的局面。众所周知，事实并非如此，“贫困生”也并非什么都“贫困”，即便是经济暂时贫困的情况也可随着其走上工作岗位而改变。但是我们稍不注意，就可能会使贫困生的心灵蒙上阴影，影响其一生。因此，我们对贫困生的关心应是默默的、真诚的——“随风潜入夜”，我们对贫困生的教育应细致、讲究方法和策略——“润物细无声”。

不必事事和学生较真

先不谈学习成绩，我们希望所教的学生都很听话，不让我们多操心，比如，在课堂上遵守纪律、认真听讲，课后认真及时地完成作业，对老师有礼貌等。可是学生毕竟是受教育者、未成年人，或多或少地存在着这样那样的问题，否则，还要教育者干什么。因此，我们所希望的只是一种理想，理想和现实必然会有矛盾和冲突。况且学生太听话了，便完全没有了个性，培养出一个个木偶式的人也不是我们的初衷。只有深刻地认识到这一点，我们才能用博大的胸襟去宽容和理解学生。

某个成绩好的学生有一天在路上碰见老师没有主动打招呼，老师就可能有想法了：我平时这么看重你，你连基本的礼貌都没有，简直就是瞧不起我嘛！这样的学生，教了也是白教……我们也可以换一个角度想：哦，这个学生可能正在想其他的事，所以忘记了跟老师打招呼了；或者是他性格本来就内向，因为害羞不敢向老师问好；或者是因为他阅历太浅，不善于交际……

一个老师正在讲课，教室后排的一个学生在和同桌说话，那个老师非要那个学生站起来，再严厉批评一顿，甚至对那个学生冷嘲热讽。这就很容易让该生对老师产生逆反心理，更严重地还会和老师对着干，使师生之间发生剧烈冲突。我们可以换一种方式处理，教师稍微停顿一下，引起这个学生的注意，或者边讲边走到后排用眼神或手势暗示，相信那个学生会主动停止讲话。如有必要，在讲完后或者下课后，询问一下该生讲话的原因，也许他是无意讲话、也许他是看不清黑板、也许是他听不懂、也许是他有上课讲话的习惯，只要弄清了原因，就能对症下药，该生也会因为老师对他的尊重而尊重老师，以后不会在课堂上蓄意捣乱。

我曾经教过一个“问题学生”小川。“小川上课找同学讲话”“小川上课玩手机”“小川又不交作业”……每个任课教师都向我投诉过。“小川又迟到了”“中午自习小川在教室走来走去”“小川又骂人了”“小川又去了网吧”……班干部和其他学生经常向我打报告。初一的时候，几乎每天我都会收到小川违纪违规的信息，很多任课教师和学生建议让小川提前“毕业”。但我仍然坚持对小川进行正面教育，对他不抛弃不放弃，使他最终成为一名合格的中学生。初中毕业后他出去打工，经过几年的努力，成为某厂的技术骨干。如果我当年因为小川小错不断，把他赶出校园，那么他走上违法犯罪道路的几率就要高得多。

因此，作为教师，在教书育人时，我们应多从学生的角度去分析问题，去理解他们、帮助他们、教育他们；同时，我们应多一些冷静和智慧，不必事事都和他们较真。

看透学生“知错不改”现象

春天来了，几个学生在校园花台边玩耍，其中一个学生弯下腰去掐花，恰巧被值周领导看见了。值周领导向花台这边走了过来，并远远地叫住了这几个学生。等走近了，值周领导问：“刚才是谁在掐花？”几个学生不是摇头就是说“我没有掐”，而那朵新鲜的花还躺在花台旁边。无论值周领导怎么问，就是没有人肯承认是自己掐的。值周领导不禁又气愤又困惑：现在这些学生怎么啦？敢作不敢当，犯了错误拒不认错，没有一点承担责任的意识和勇气！

这种现象绝非个别和偶然。

讲台上教师休息时坐的凳子被摔坏了，老师问是谁摔坏的，教室里学生全都不吭声，把“保持沉默”的权利发挥到了极致。就连事后老师个别问话，学生不是说“我没在教室”就是说“我没注意到”，更没有学生来主动说明。

晚上熄灯已近两个小时了，宿舍管理员听到有一个寝室的学生还在高声喧哗，敲开门后，发现里面除了开门的学生外全都表现出“熟睡”的样子，问是哪些学生在闹，没有人承认。管理员说：“那不行，得叫你们班主任来教育。”有一个学生竟然说：“叫班主任来也没用，你说我们闹了，请把证据拿出来。”其理直气壮的样子令管理员又好笑又好气，除非有“录音”，否则到哪里去找证据呀！可这样的事用得着“录音”或“录像”这样的现代化“武器”吗？

……

“知错能改”的教育从未间断过，学生在小学就读过“列宁摔坏花瓶”和“廉颇负荆请罪”的故事，可学生为什么还是拒不认错、不敢承担责任呢？

就拿“列宁摔坏花瓶”的故事来说，小列宁鼓起勇气承认错误之后，姑妈是怎样处理的呢？她没有打骂和责备小列宁，反而还称赞他是一个诚实的孩子。非常幸运，列宁遇到了一个好姑妈。

稍有遗憾的是，这个故事往往只能成为教育学生的蓝本，要求学生做到诚实，而忽视了对大人尤其是对教师的启示，那就是当孩子认错后我们该怎么做。

看看有些教师，课堂上能很好地讲道理，具体到学生“犯错”了并“认错”了，依然对学生不依不饶，对学生的错误行为一味地责骂、惩罚。长此以往，学生必然产生了逃避心理，甚至产生了逆反心理，所以固执地不肯承认自己的错误，有时还和老师“抬杠”，甚至与老师发生剧烈对抗。

在“负荆请罪”的故事中，廉颇想找机会侮辱蔺相如，蔺相如的官职比廉颇大，廉颇错误在先，如果他俩正面冲突，也许廉颇吃亏较大。蔺相如却十分理智，尽量避开他。一段时间后，廉颇终于认识到蔺相如不是怕他，而是深知彼此闹矛盾会给国家带来危机。于是，廉颇主动地去向蔺相如认错。

因此，当遇到学生不认错时，教师要控制住自己的情绪，不要立即“火冒三丈”，可进行“冷处理”，不让犯错的学生当场难堪，等一段时间再问；和犯错的学生谈话时尽量营造平等轻松的氛围，对学生循循善诱，在适当的时机指出其错误的性质和危害程度……期待学生“主动”地承认错误，“心服口服”地承担相应的责任，班主任要注意方法。另外，在某种情况下对犯错的学生还可以“以奖代罚”，如陶行知以糖果奖励犯错学生；也可以依据学生的特长和爱好选择惩罚的方式，如罚唱歌、罚画画等。

即便是对屡次犯错的学生，我们也不能以“不可救药”的态度去对待。教育是一种“慢”的艺术，形成良性循环，必然要经历较长一段时间。

总之，对待学生的错误，教师既要“不和学生一般见识”，又要有足够的耐心和教育智慧，才能让学生勇于承认错误并承担责任。

压一压被学生激起的怒气

上午第四节课，讲完课后我留了一些时间让学生做作业。在教室来回巡视时，我突然发现阿林竟然穿着一双拖鞋。我叫他站起来，一字一顿地说：“你知道该怎么做！”

前几天我发现了班上学生有穿拖鞋的现象，除了个别教育外，我还专门在班会课上强调了不能在学校穿拖鞋，这是不文明的表现，有损中学生的形象，并和学生约法三章：今后凡是穿拖鞋的同学都必须把拖鞋脱到教室角落，一直等到放学后才能穿回去，并要接受一定的惩罚。我讲得清清楚楚，相信班上任何一个学生都听到了。

可阿林面无表情，双眼直视着前方，对我的话不理不睬。

我盯着他，脸色越来越严肃，顿时，空气中弥漫着火药味，其他学生都放下了手中的作业，目光集中到我和阿林身上，看我怎么来处理这件事。

“把拖鞋脱到教室后边去。”我对阿林发出了明确的指令。可他依然对我不理不睬。

怒气一下子就冲向了我的脑门，我恨不得一个耳光甩过去，我深吸了一口气，尽量用平缓而威严的声音说：“跟我到教室外面来。”

他慢吞吞地跟我来到教室外，对峙了一会儿，他终于开口了：“我的鞋子不小心被打湿了，所以穿了拖鞋。”

“可你应该多预备一双鞋子或者想其他办法。”我说。

“我没准备也想不出办法。”他说。

“那你就要对自己的错误负责，让你脱你却不脱，你是怎么想的？”我问。

“我想你会理解我的。”他低声地回答。

“任何人都能为自己的错误找理由，”我说，“你自己看该受什么惩罚。”

他突然控制不住自己的情绪，颈上青筋凸起，脸涨得通红，大声地吼道：“罚、罚、罚！你就知道罚！”紧跟着他的眼泪也掉下来了。

教室里的学生都扭过头来，想听听发生了什么事。

“不要激动！你先冷静点。”我克制着自己情绪。

然后我不再说话，等他的情绪慢慢地平静下来。不久，下课铃响了，我转声回教室叫其他学生去吃午饭。

他不再抽泣，我接着教育："无论如何，学生都不能在教室和校园内穿拖鞋。解决的办法很多，比如你没有准备多的鞋，可以向宿舍其他同学借……"

他渐渐地低下了头，目光里显然没有了先前的倔强。

我思忖着：这是一个性格比较内向的学生，如果要马上对他进行惩罚的话，他可能不会接受，逼急了闹出什么事也不好。

"你下去再想一想，看看该怎么办？先去吃饭，中午再说。"我最后对他说。

中午自习时，我来到教室，发现阿林已换了一双凉鞋。把他叫出来，问他："怎么解决的呀?"

"借同学的。"他回答，语气很和缓。

"对了，任何事多想想总能找到解决的办法的。"我说，"没事了，你进去吧。"

"今天下午放学后我扫教室吧!"他提出了对自己的惩罚方案。

"好啊，你不说我还差点忘了。"我答应着他，他有点不好意思地对我笑了……

第四章

Chapter 4

勤　反　思

主题感悟

在反思中进行自我培训

目前，班主任作为我国中小学校不可缺少的特殊群体，其专业发展被大力倡导，但是对其学历、学术、专业能力等要求还没有明确的标准，培训机构和培训制度还不完善，所以不能像一般的教师那样可以“持证上岗”。中小学绝大部分担任班主任的教师要么由学校指派，要么通过竞争上岗。换句话说，我国的班主任大多是经验型的教师，缺乏专业性。“专业化”应该是所有班主任努力的方向。鉴于此，班主任的自我培训就显得特别重要。

很显然，班主任从上岗的第一天开始，由于要面对纷繁复杂的学生教育问题，要处理好班级的各项事务，其实就是在实践中进行着自我培训。但是，有意识地、自觉地进行自我培训更有利于自身的专业成长，而这就需要掌握较好的方法。勤反思就是班主任自我培训的有效策略之一。

第一，勤于对日常工作进行反思。新课程改革目前正在全国范围内如火如荼地开展，而此次改革与其说是课程改革，倒不如说是一次教育观念的改革。过去那种“只工作，不反思”的做法需要改一改了。因此，对于广大班主任来说，在日常工作中，根据新课程所倡导的理念对自己的工作不断进行反思，是十分有利于自身的专业化成长的。班主任特别需要对自己的一些“惯性”做法进行反思，因为这些“做法”不断地被“复制”使用，其与新的教育理念不符的地方很难被察觉。

例如，少数学生犯错，集体被罚。自习课时，教室里面有些学生正在“摆龙门阵”，班主任却突然走进教室，学生立即鸦雀无声。这种情况令班主任很气愤，叫学生集体罚站。做课间操时，有少数学生不认真，做操结束后，班主任让本班全体学生重做。某天早上，班上负责的清洁区域有一堆垃圾无人理会，班主任罚当天的清洁小组打扫一周……

以上几种现象，相信不少班主任并不陌生。乍一看，这没什么不对之处，因为这“符合”集体教育的原则，但仔细一想，就会发现其中的问题。少数学生犯错是事实，应该受到惩罚，但集体惩罚却让多数无辜的学生受到连累，对多数学生不公平，甚至少数违纪的学生还可能会因此而幸灾乐祸，根本达不到教育学生的目的。面对这种情况，班主任应该想出比较妥善的办法找出那几个犯错的学生，如果这次实在找不出来，就宁愿当什么事都没有发生过，也不要去批评和惩罚全体学生。

例如，认为让学生做事是天经地义的。班主任在讲台周围发现了一团纸，很少会动手去捡，而是吩咐某学生去捡，同时还会说“以后大家不要乱扔纸屑”；班主任批改作业没有红笔时，只需问一声“谁有红笔”，便有学生主动递上来，班主任很少对学生说“谢谢”；还有班主任发现某本资料书忘了带，有时就叫学生去办公室拿，学生气喘吁吁地拿来后，班主任很悠然地接着上课……

同样，以上的现象绝不是个案。因为班主任对此早已习以为常了，而且往往认为这是对学生的锻炼，让学生为班级、为老师做点事是理所当然的，甚至认为这是学生的荣幸。但是从新课改所提倡的理念来看，这些做法存在很大问题。认真反思一下，我们就会发现这些做法实际是“师道尊严”的思想在作祟，它与现在倡导的师生民主平等的观念背道而驰。教师与学生在人格上本应是平等的，应该互相尊重，这样才能让民主平等的理念落到实处。

第二，勤于在教育实践和理论学习中反思。在新课程改革的背景下，很多班主任都积极地投入自我学习。但是，“只学习，不反思”，同样很难促进自身的发展。借鉴固然重要，但一定要结合自身的实际仔细分析，才能把借鉴来的知识运用自如。下面我们仍然以案例来进行说明。

陶行知先生“四块糖果”的教育故事流传很广，他从中所表现出来的教育智慧令人钦佩，他的教育灵感从哪里来呢？他对学生没有大声训斥，没有讲大道理，而是真诚相待，相信王友同学只是一时犯错，所以他很容易地找到了与王友沟通的切入点——“守时”。“学生应尊重老师”，一般被教师视为理所当然，陶先生却体现出了“老师也应尊重学生”的朴素观念，以它为感动学生的铺垫，进而高度赞扬学生的“正义感”，以心换心，唤醒了学生的“良知”，让学生主动承认了错误。真教育是心心相印的活动，唯独从心里发出来的声音，才能打动人的心灵。

对于打架学生的教育，曾经有个班主任模拟了陶行知先生的做法，用四块糖果，用同样的语言，学生先因守时而被夸奖，再因尊重师长而被夸奖，接着因正确而被夸奖，最后因知错能改而被夸奖。那个学生呢，除了因感动而流泪外，其表情、语言和故事中的王友几乎差不多，最后还很有礼貌地说声“谢谢”走了。

但当班主任走近教室时，听到那个学生正在给全班作报告：刚才老师如何教育他，如何给他糖吃；最后他还向同学传授经验，要想吃糖就找人打架吧！然后教室里就传出他请同学吃糖的嬉闹声……

这位班主任对陶行知的模仿只做到“形”似，而没有意识到“神”似的重要性。“四块糖果”只是一个道具，上演一次很精彩，很有吸引力。不合时宜地上演第二次第三次，注定了效果的平淡，甚至会以失败而告终。对此，魏书生和李镇西等老师的“罚唱一首歌”“罚讲一个故事”等，正直接或间接地践行了陶行知的教育思想，可是如果我们只管“复制”运用，结果可能还是会失败。“糖果”也好，“歌曲”“故事”也罢，只是一种教育手段，是各人的“专利”，我们只能从中受到启发，却不能照搬照用。但有一点是可以肯定的，那就是教育学生需要教育智慧，只要充满了教育智慧，我们才能够表现自己的风格，才能够找到属于自己的“专利”。

班主任要把“糖果”装到心里，以“爱学生”为出发点，把“甜甜”的教育传播到学生的心灵深处。唯有如此，才能点燃教育智慧的烛光！

第三，勤于在教育写作中反思。“只实践，不理论”，还是一种低层次的反思，因为如果对实践不进行理论的提升，反思的行为就难以成为进一步指导实践的思想。因此，通过教育写作进行反思，也是班主任专业发展的一个重要途径。对此，我们仍然以案例来加以说明。

网名初荷的李迪老师，原来是河南省某学校的一位普普通通的班主任，是一位名不见经传的教师，可是自从她写班级成长日记以后，她逐渐成长为河南省骨干教师、河南省学术技术带头人、郑州市优秀教师，出版教育专著好几部。

她在《我班有女初长成》的自序中写道：“这是一个普通班主任写的班级成长日记……写这些日记的时候，我并没有想很多，只是感觉自己胸无大志，不可能有什么成就，心想把现在的生活记录下来，等退休后看，一定会非常有意思，也权当是‘收藏阳光’了……我的日记最先发到‘班主任之友论坛’上，后来又发到了‘新教育在线’上……”

由于她勤写、善写日记，结识了很多网友，其中有张万祥、李镇西等全国著名教师。在和网友的交流中，在名师的指导下，她迅速成长为一名优秀的班主任。

我有一个山东文友史峰，他在《做一名有特色的班主任》的演讲中，也说到他成功的经验之一就是“勤写日记常反思”。

写作来源于生活，生活中的写作素材是取之不尽、用之不竭的，所以班主任要经常做一些实实在在的工作。以我的亲身体验为例，基于对培养班干部的实践和思考，我写了《“四用”打造班干部的威信》；在家访工作方面，我写了《家访心情札记》；曾经教过一个学生，经常迟到，有一天终于很早到校，我不失时机地表扬了他，并制作了“报喜单”让他带回家，并打电话给他在外打工的父母，从那以后，他迟到的次数大大减少，我把这件事写成了《对迟到说再见》等。另一方面，班主任要学习其他班主任的经验，思考他们的困惑，也可以通过写作来积累经验、解决困惑、生成智慧。近几年的教育写作，也促使了我快速成长，使我更加热爱班主任工作。

工作艺术

反思自己“忽悠”学生

近日，常听到同事们说到“忽悠”一词，而且有的老师还为这个词的含义争辩了一番，于是我上网去查了一下“忽悠”的来历与含义。当看到“这个人可真能忽悠”是形容某人在公众面前夸夸其谈、哗众取宠，而且有不真实的成分时，我突然想到：自己在课堂上不也常常去“忽悠”学生吗？

比如，用“假如出示课件……”来“忽悠”学生。

需要配乐朗读时，如教学《安塞腰鼓》一课，我凭着自以为不错的朗诵能力，先让学生试读一番，然后自己再范读，两相比较，当然自己的朗读能“震撼”学生。后来和学生一起把文本理解得差不多了，让学生朗读，其朗读效果也和自己相差无几，这时我很遗憾地说：“要是能配上一段慷慨激昂的音乐，大家来朗诵，那该多好！”

还有再现课文的情境时，如教学《斑羚飞渡》一课，我告诉学生如果能把“斑羚飞渡”的场面用动画的形式展现出来，就会让他们直观地感受其悲壮美……于是让大家闭着眼睛发挥想象，让这一幅幅画面闪现在脑际。

每次给学生说出示课件将使课堂学习更精彩时，学生眼里充满了渴望和希冀，然后便是嘘唏不已，最后是失望。我便常常陶醉于这“假如”之中，没有带学生去多媒体教室上过一次课，而多媒体教室就在我们班楼上。事实上，我也害怕打破这个易碎的梦——万一在多媒体教室上课的效果不好，我就失去了用“出示课件”来“忽悠”学生的机会。

比如，用“教室外上课效果最好”来“忽悠”学生。

学习海伦·凯勒的《我的老师》，我和学生一起探讨莎莉文老师高超的教学艺术时，谈到她之所以能把海伦·凯勒教得如此出色，就是因为她不把学生局限于室内，而是在大自然中教学。于是我说有些著名的教师如李镇西有时就是这样教学的，他有时让学生上菜市场、到社区、去有名的景点学习知识、写日记和写作文。然后我又告诉学生："你看我们学校上操场的林荫道，在夏天能在那里上课该是多么惬意啊。"学生们连声附和。"只不过——"我话音一转，"我们这一届就算了，我教下一届时会有这个打算……"学生们顿时"气愤"不已。

比如，用"写同题作文"来"忽悠"学生。

学生总认为写作文是一件让人头疼的事，为此我劝说学生不要畏惧这六七百字的作文。我说老师我近两年来每天都要写千字左右的随笔，一会儿就成了，学生说我"站着说话不腰疼"，我表态："今后的考场作文和平时作文我们大家一起写，我想看看究竟即兴写作文有多难。"这倒引起了学生一阵欢呼。但是至今学生已考过或写过N次作文了，我却还未兑现诺言。也曾有学生"兴师问罪"，我总以这样那样的理由来"搪塞"学生。其实我本来是不怕和学生写同题作文的，只不过因为自己写作还没有达到一定的境界，我只是担心在学生面前"出丑"而已。

比如，用"实施综合素质评价"来"忽悠"学生。

近几年来常读到一些先进教师、专家的文章，他们经常提到不能只在意学生的成绩，而要去关注学生的成长。由于受到这样的感染和熏陶，我有时也会欣喜地发现班上的"后进生"确实有不少优点，我就把想法告诉给学生，我不只看大家的学习成绩了，要让他们全面、健康发展，尤其是对学习成绩较差的同学，我要通过"实施综合素质评价"来提高他们的成绩。当然还有具体的一些操作方法，如积极参加学校和班级的各种活动加分，英语早自习能坚持大声朗读加分，一周内没有违纪现象加分等，然后把综合素质评价成绩按照一定的百分比计入到各科成绩中去。班上无论是"优生""中等生"还是"后进生"都对此高度赞同，然而就在当月月考之后，我发觉学生整体成绩未能在同年级"名列前茅"，此评价方案也就"流产"了。

"忽悠"学生岂是只有这几件事。我在教学文学作品时，介绍了有一个教师胆子特大，课本上的课文两三周就上完了，剩余的大部分时间大家一起来阅读名著，最后一周再复习一下课文"应付"考试，据说成绩还非常理想。学生听了十分神往，但我又接着说"我功力还不够深厚，正在修炼之中"，希望我以后的学生能享受这样的"待遇"。还有我说："我这两年发表了100多篇文章了，再不帮同学们发表自己的文章就有点不好意思了，你们只要勤于写，肯定是有发表机会的。”后来果然有学生写了不少文章，初期我还帮他们改一改，在电脑上打出来，之后“四处撒网”，有一两个学生投中了。当时学生的热情高涨，但不久我就感觉这样我太累了，于是放弃了，当然学生的写作热情也随之冷却……

“忽悠”学生，拿学生的天真和单纯开玩笑，虽然显示了我的一点小聪明、一点小幽默，但更多地表现了我作为教师的虚伪、自大、自欺欺人和不讲诚信。我想应该是停止“忽悠”学生的时候了！

学生缘何不想当榜样

前不久，班主任陈老师向我诉说了她的苦恼和困惑。期中考试后，她用了一节课的时间来总结考试情况，小强的总成绩远远高于第二名，她对小强大大地表扬了一番，让全班学生以小强为学习的榜样。最后，她布置了让学生写一篇考试总结的作业。然而，陈老师在读到小强的考试总结时，不禁大吃一惊，小强居然不愿意当榜样了。陈老师把小强写的那段文字拿给我看，实录如下：

老师，这次期中考试后，您又表扬我了，因为我依然保持为班上第一名。老师，能够被您看重，我真的感到很荣幸。您为我们这个班付出了很多精力和心血，也给了我不少鼓励和支持，我能够取得一点成绩完全是您的功劳啊！可是，老师，有一句话我不知该不该说，说了您千万别生气啊！老师，您还记得您表扬我的时候，说我的同桌身边分明就有一个榜样，而她却偏偏不知道向榜样学习吗？您的意思谁都听得懂，就是说她怎么那样不争气。您用她来反衬我的时候，我察觉到了她的失望和伤心。您这次实在是委屈她了，考试前的一周，她复习的用心程度丝毫不逊于我，虽然她的进步不是非常明显，可是她确实尽力了。同样的努力学习，我得到的是您的肯定和表扬，她收获的却只有您的埋怨与批评。老师，您表扬我是她学习的榜样，其实我心里一点儿也不好受，感觉您对我的表扬是建立在她的痛苦之上的。老师，我恳请您以后不要拿我来做别人的榜样了，好不好？老师，我不想再这样难堪了！

陈老师问我："难道榜样教育这种方法不合时宜了？或者是在哪个环节上错了？以后还要不要表扬小强呢？"我安慰陈老师："不要苦恼，小强能实话实说，从这一点看他还是非常信任你的，他想和你好好地沟通一下。"

我们常说"榜样的力量是无穷的"，榜样教育作为一个传统的教育手段为什么在陈老师的手里却失灵了？其实不单是陈老师，随着社会的发展，大多数老师都会感觉到榜样教育的无力。很多学生并不买榜样的账，甚至还想尽办法打击榜样，有嘲笑的、有讥讽的、有捉弄的、有恶语相向的、有大打出手的。学生小张和小李是邻居，他俩读一个班，但小张学习成绩差，总爱去网吧打游戏，班主任在教育小张时多次提到要他向小李学习，然后小李的笔和书常常不翼而飞，再后来小张还找人打了小李……

我们认真研究一下我们树立榜样的标准，就会发现有一条最基本的底线或者说是先决条件，那就是“学习成绩必须优秀”，符合这一点的学生就可以成为“学习榜样”，然后扩散为“行为榜样”“道德榜样”等。至于学习成绩差的，很难成为“正面榜样”，往往容易成为“反面典型”。因而我们需要改变这种固定的思维方式，在树立榜样时不要被学习成绩所左右，否则，榜样的树立就会失去公平，部分学生对榜样的反感和不满也就理所当然了。在这种氛围中，已被树立为榜样的学生自己也会感到惭愧和不安。如此一来，榜样的力量自然就很微小了。

案例中的小强被陈老师树立为“学习榜样”，这是无可厚非的，可是陈老师不该拿小强的同桌来做“反面典型”，正如小强所说，人家也尽了全力，不应该成为被批评的对象。造成学习成绩不好的因素很多，有自身接受能力、理解能力等智力方面的因素，有以前的学习基础方面的因素，有各科教师教学方面的因素，把没考好统统归为不努力，连小强都对老师的话有所不满了。另外，小强毕竟还要和同桌“朝夕相处”，因为自己成绩比同桌好一点而让她受斥责、受委屈，小强内心不安不说，今后该如何与同桌交往呢？陈老师给小强出了一道难题而不自知，小强当然要“反抗”一下，于是用总结的形式把心里话倾吐出来。

可惜的是，还有很多“学习榜样”因为害怕失去老师的信任，宁愿自己忍受内心的煎熬也不愿把话说出来。前不久，我在一本杂志上看到一篇文章，写了一个成绩优异的学生经常失眠，害怕哪次考试失去第一名，由此而导致了严重的心理扭曲甚至产生自杀的思想倾向，可是她的班主任、她的父母对此却浑然不知，只知道她学习成绩好、表现好，是一个考重点大学的好苗子。

2006 年第 4 期《小读者》曾刊发了一篇文章《老师，您知道学生这 15 种需要吗》，在文章中一个学生向老师发出了呼声，其中第 11 种需要是“老师，在教室内，不要把另一位同学当作我的表率，我可能因此而恨他也恨你”，第 12 种需要是“老师，我若有什么做得比较成功，也不要把我当作别人的榜样，因为那样会使我难堪”。

榜样教育也好，其他教育也罢，作为教师，只有了解学生的需要，才能走进学生的心灵。案例中的陈老师就是因为不了解学生的需要，才让小强不愿当别人的榜样。其实对学习好的学生并不一定要在课堂上隆重表扬，如果小强愿意的话，陈老师可以让小强把学习经验和学习方法介绍给大家，用老师和小强的真诚来打动学生，这样树立的“学习榜样”才是让同学们衷心钦佩的。

对主题班会“四环节”的思考

——以“我看初中生打架事件”的主题班会为例

第一，主题班会的“主题”，可计划也可生成。

初三上学期，我在班会主题活动计划中把班会内容分为励志篇、教育篇、成长篇和学习篇四部分。依据初三学生的特点，在教育篇中，我着重于“早恋”和“网瘾”话题，比如关于“网瘾”话题，我曾写了一个校园情景剧让学生表演，效果较好。

本学期以来，学校对每一起打架事件都进行了认真地处理，对当事人进行了严肃的批评教育，甚至给予了处分，学生的打斗现象已有所遏制。我所带的班已有学生因为一点小事而发生摩擦，在同学的举报下，我及时处理，才避免了摩擦“升级”。“打架”的主题，原本不在我的班会计划之列，但为了让学生认识到打架的实质和危害，树立正确的班集体舆论风气；为了培养学生自制力和宽广的胸襟，让学生学会克制自己、宽容别人；为了让学生明确现代社会是文明社会、法制社会，掌握解决冲突的方法。我决定打乱计划，召开主题班会“我看初中生打架事件”。

第二，主题班会的准备，要充分发挥班干部的作用。

主题班会课的设计准备不该是班主任一个人的事，这是我最近的思考所得。因此，这次主题班会，我决定和班干部一起商量制订活动的方案，并且最大限度地发挥他们的作用。班委会上，他们针对主题提出了两种方案：一是让同学以本班以前和最近的打架事件为基础，剖析打架的实质，从而受到教育；二是通过各种途径搜集各地初中生打架事件的案例，以之为突破口来教育同学。经过激烈的讨论，介于初三学生面子观念强、本班打架事件并不触目惊心等原因，我们最后决定选择后一种方案，让同学热议，再结合本班实际让同学反思。接下来，班委会研讨出了班会课的四大结构板块：串词开场，引出话题；出示材料，热议“打架”；结合实际，明辨是非；寻找方法，化解矛盾。选择主持人时，大家都投了学习委员小青的票，按大家的说法是，小青亲和力强，反应机敏，最适合调解“打架”。最后是分工，由小青撰写开场白串词，其他班干部每人在网上或报刊搜集一则典型的初中生打架案例。班长小强多做一件事，在后边的黑板报上提前向全班同学预告“节目”，让同学做好思想上的准备。这种“预告”的作用正如课前预习一样，让同学心里有个底儿。

主题班会的准备，我所做的事就是选定话题，召开班会，至于细节问题，主要是由班干部发挥了集体的智慧和力量解决的。

第三，主题班会的进行，让全体学生成为课堂的主角。

班会课上，主持人小青的开场白很有思想冲击力，并很自然地引出了话题，巧妙地过渡到下一个环节：“同学们，银幕上的李小龙、陈龙、李连杰、周润发、刘德华等明星主演的武打片、枪战片常常令我们热血沸腾，我们羡慕他们高强的武功、潇洒的动作、侠义的心肠，他们让我们得到感官刺激的同时，还给了我们较深的英雄主义情结，仿佛“拳头”就能解决一切问题。然而，在现实生活中，暴力真的能解决问题吗？一个人真的就那么能打或能挨打吗？打伤了人、打死了人只是小事一桩吗？我这儿有从网上搜取的几则材料，都是关于初中生打架事件的，我们一起来了解和讨论，好吗？”

接下来的三个环节，都是采用主持人的提示和学生思考后相互对话的形式。学生都比较冷静、理智地多角度、多层次地剖析了初中生打架事件。从网上收集的四则资料，有校名有人名，真实性不容置疑。原来有的学生以为打架只不过小事一桩，在思想上轻视，面对这些触目惊心的事实，认识到打架行为极有可能造成相当严重的后果，从而提高了警觉。

学校发生的几起打架事件，学生都相当清楚，经过小青概括的陈述后，大家积极讨论。

生：打架的起因其实都是小事，要么认为别人说话侮辱了自己，要么就是看不惯别人，要么就是因为对方踢了一下凳子……其实在我们女生看来，打架只是一种极其野蛮的行为，它不但不能显示男子汉的风度，还真的令人感觉讨厌。

生：现在是文明社会、法制社会，打架解决不了任何问题，只是给双方带来麻烦、给自己的家长带来麻烦而已。

生：有的同学打架是为了出口气，有的同学打架是为了显示自己“酷”，可结果呢？出气了吗？显示“酷”了吗？不外乎是赔偿医药费，不外乎是被学校处分，不外乎是让人讨厌罢了。

最后是寻求解决学生之间矛盾和冲突的方法，学生踊跃献言献策。

生：我认为中学生应该培养自己宽广的胸襟，所谓“宰相肚里能撑船”嘛，与同学发生一点小小的矛盾算不了什么。

生：我们要提高自己的文明修养，与同学交往时多使用一些礼貌用语，如“请”“谢谢”“对不起”等，大家就能和睦相处了。

生：我补充一点，使用礼貌用语时态度要真诚，如故意去打了别人，然后用恶劣的态度说“对不起”，这是别人根本就无法接受的。

生：与别人发生不愉快时，可以深深吸一口气，努力克制自己，并想想其他事，这种不愉快很快就过去了。上次我与班上同学开玩笑，对方下手重了点，我就是这样做的。

生：我们中学生独立意识、个人意识在逐渐增强，我觉得正因为如此，更应控制好自己的情绪，不仅是为了避免打架，也为将来自己能拥有良好的人际关系做准备。

生：我的经验是告诉班主任老师。大家都知道我个子比较小，有一次一个同学来欺负我，我当时没有作声，后来及时地报告老师，那个同学受到了老师严厉的批评和深刻的教育，再也不敢欺负我了。

生：也许有些同学认为把这些事情告诉老师没面子，我认为这种想法是错误的。在学校老师就是我们的“保护神”，在家里家长是我们的“保护神”，在社会警察是我们的“保护神”。

学生找原因、挖根源、说是非、想对策，在全班种下了和谐、团结和互助的种子。

第四，对主题班会的反思，让班主任更加自信和理性。

对于中学生打架行为，我们教师常常感慨：“这些学生为什么不及时来报告，我会制止和处理的呀!”然而，就如蔡朝阳老师《在江湖与庙堂之间》所说一样，现代中学生的价值判断、思考逻辑、行事风格等已经颇具“江湖义气”，他们认为自己的事要自己解决，他们甚至认为“打小报告”会被人瞧不起……所以教师主要做的应该是宣扬一种正确的价值追求，关注学生的心灵。学生在充分认识和理解了打架的性质和危害之后，就自然而然地说出向老师求助。这样绝大多数学生才能认同老师的观点，也才能让语言付诸实际。否则，仅由教师语重心长地给学生讲理，学生未必会买老师的账。

这次主题班会课后，班上几个曾经打过架的男生在周记中都作了比较深刻的反思，一些拉帮结派的女生也反思了自己的思想和行为。这表明，这次主题班会达到了预定目的。

一次尴尬的命令

当学生的思想、纪律或行为习惯出现问题时，班主任和学生“短兵相接”的次数较多。对于发现的问题，如果教师不深入分析和研究，解决问题简单粗暴，从而引发师生之间的冲突，就可能会使自己陷于尴尬的境地。

那年，我带一个初中毕业班。学生在七八年级时，可以说没有任何人当面顶撞过我，也没有我喊不动的时候，他们在周记、总结、作文、平常的议论中都说我很有威信，是值得大家尊敬的老师。到了九年级，班上原来的一些教师调走了，任课教师的搭配很不理想。为了跟紧学生，上课期间，我经常在教室外去查学生的听课情况。一天下午第二节课，数学老师在讲台上讲得津津有味，绝大部分学生听得很认真，可我发现最后一排的小英正和同桌小玲在小声地嘀咕着。怒气一下子就涌上我心头，小英这孩子数学成绩不够好，平时找她谈心时她就说要如何补上数学这门课，而课堂上表现却这么差，严重的言行不一。不一会儿，小玲看见了我，急忙示意小英，她们立即停止了讲话。我狠狠地瞪了她们一眼，满脸不悦地离开了。

第三节课是班会课，上课铃响后，我严肃地走进教室，一到讲台就命令：“小英同学和前面的小强同学调换一下座位，马上！”同学们的目光齐刷刷地转向了她们，小强站起来做好了搬桌凳的准备。小英却低着头，一动也不动。我对小英喊：“小英同学，你没听见吗?”小英抬起头，紧咬着嘴唇，满脸通红，但目光中却分明透出倔强，看得出来，她根本没有要交换的意思。我暴怒了：“好！有个性！我给你说清楚，你明明数学成绩较差，可在数学课上还‘摆龙门阵’，我让你交换座位是为你好，你还不知好歹，今天你的座位必须得调。”教室里安静极了，大家连大气都不敢出，小英眼睛隐隐发红，注视着课桌上已合上的书，还是没有动。我紧紧地盯着小英，局面就这样僵持着，我感到自己的威信全失。以往我也曾让其他同学交换过位置，总是我说了立即就交换。这孩子怎么啦，平时挺听话的。这时，我真希望小英经过思考能服从我的命令，但我的希望落空了，我恨不得自己亲自去搬她的桌凳，最后我还是控制住了自己，没有那样做。几分钟之后，我不得不把矛头指向全班学生，说了一通教训他们的话，也说了一些赌气的话。直至下课，我才稍微平静了点。

回到办公室，我余怒未消，喝了一口茶，慢慢地咽着，想整理一下烦乱的思绪。几分钟后，小玲来到办公室，她轻轻对我说："老师，对不起。"我让她坐下说话。然后，她把事情的经过告诉了我，原来那时小英正跟小玲说，数学老师讲的那道题的思路跟小玲给她讲的完全一样，仅此而已。刚才，小英还说她不交换位置的主要原因是在数学方面有很多问题需要向小玲请教。小英还在伤心地哭着，并对小玲说，要是这次老师不原谅她，她就不读书了。我感觉到了事情的严重性，对小玲说："你先回去吧，我会处理好这件事的。"接着我认真反思了一下，我的做法的确有不当之处，行事太武断，多年的班主任工作经验让我有点自以为是，虽然借口是为了学生好，可没完全弄清事实，并且没能顾及到学生的感受就强制下命令，学生确实难以接受。

上晚自习时，我放下了以往的架子，真诚地对学生说："今天我太冲动了，没有了解清楚情况就批评小英同学，并且说了些伤害同学们的话，我郑重向小英同学道歉，也向全体同学说声对不起……"学生先全都愣住了，从他们的表情不难看出，可能他们心里在想：这可不是我们班主任的风格呀！我接着说："两年多来，老师太'专制'了，保证今后'民主'一些……"我的话一说完，教室里立即响起雷鸣般的掌声，我分明看见小英的手悄悄地拭向了眼角……

不久，我在一个网站论坛上看到一个讨论帖——老师和学生发生冲突就是学生的错吗？一些学生认为老师有点"霸权主义"、老师总是以为自己是对的、老师对成绩差的学生有明显的偏见……我不禁惊出了一身冷汗，同时我庆幸那次事件虽然让我开始很尴尬，但也让我选择了正确的做法，给了我宝贵的经验，可以让我今后在班主任工作上少走很多弯路。从此，哪怕是学生违纪违规或做错了其他的事，我也一定先搞清楚，再作结论，一般不会当着全班学生的面对他们进行批评或者惩罚，如确实有必要在班上宣布，让其他人引以为戒，必先做通违纪学生的思想工作，让他们心服口服。

那一次，是教训也是经验

中午，我刚到教室，小亮便哭着向我告状来了。见他伤心不已，我把他叫到走廊询问原因。小亮向我哭诉了事情的经过：离中午自习大约还有两三分钟，他正上楼回教室，突然后面跑来一个同学推他，他差点摔倒，还没明白是怎么回事，那个同学反而大骂他，于是，他还了几句，那个同学就踢了他一脚，恐吓他这事没完……个头矮小的小亮看到比他几乎高一头的对手，只好忍气吞声，进了教室，委屈得小声抽泣起来。

居然有这样霸道的学生？我的怒气有点压不住了，我问小亮认不认得那个学生，小亮说刚才听其他同学说他叫小强，就在我们隔壁班。非得让小强承认错误，并且给我班的小亮道歉，我心里暗暗地想。我带着小亮去认人，小亮走在前面，在隔壁班后排的窗外找到了小强。我快步走上去，在窗外指着小强，对他吼道："你给我出来！马上！"教室的学生本来都在安静地做作业，随着我的吼声，他们都回过头来看我和小强。小强显然也被吓了一跳，十分惊恐地站起来往教室外走。"回去，把作业完成了再说！"教室里传来一阵低沉而又有威严的声音。这时，我才发现该班班主任邓老师正端坐在讲台上。我对邓老师说："小强刚才欺负了……"邓老师却打断了我的话："我现在有事，有什么等会儿再说。"我还想继续说，他仍然端坐在讲台上，一点儿也不理会我。我只好带着小亮悻悻地走了。

那一年我刚从小学调入初中，当了初一（3）班的班主任还没有多久，遇见这样的事，血气方刚的我首先想到的是为本班挨打的学生打抱不平……于是我气愤地找到了校长，并叙述了事情的经过。校长却笑了："这件事没处理好的主要原因是你太不给邓老师面子了……"我这才恍然大悟，接着校长让我如此这般。下午第一节下课，我找了一个时机，敬了邓老师一支烟，并表示了歉意，邓老师很大方地原谅了我，并说这件事他会处理的。

下午放学后，小亮很高兴地告诉我，小强已经给他道歉了。等我回到办公室的时候，小强已经拿着检讨书在等我……我知道这些是邓老师的功劳。

这件事已经过去10多年了，它给了我教训，更给了我有益的启示。这件事以后，我注意与其他班主任和睦相处，有的时候，本班学生和别班学生间产生纠纷、矛盾，一般我都先主动联系他们的班主任，共同商量对策，以事实为依据，一起处理、解决问题，往往很顺利。

师者应照照三面“镜子”

第一面镜子为教学之镜。

曾听过一位老教师上教研课，撇开教学艺术不谈，连“蔺相如”的“蔺”字都读成了“印”，我深深为这个班的学生忧虑。当然，大多数教师的教学水平不会如此低下，可是，自以为高明而不求上进的却不少。课堂上，这些教师做着“教参”的传声筒而不自省，给学生布置大量的作业以应付考试，考试效果并不差，这样日复一日、年复一年，自己却很满足。新课程改革已经有好几个年头了，可有的教师不但没有任何行动，甚至连新课程标准大致有哪些内容都不知道，更不用说深入研究和实践了。众所周知，读书和写作是教师专业成长的最佳途径，真正热爱读书和写作的教师却并不多。

第二面镜子为育人之镜。

李镇西在《做最好的老师》一书中，在转化“问题生”万同的时候有这样一段话：“你说说，小学时你犯了错误，老师怎么教育你的?”“扇耳光!”他不假思索地说道，“还有吃粉笔，还有用透明胶把嘴贴上，或者把我撵出教室……”这让李老师很吃惊，也让读者吃惊——居然有这样的老师！随着时代的发展，现在赤裸裸的体罚学生的行为已渐渐减少，但是按照事先制订好的班规惩罚学生的例子却很多，而这些班规本身就是错误的，或者是不合理的。比如，以罚款来解决问题，迟到、早退、上课说话、不交作业、打架骂人，都有相应的处罚标准。对于这些问题，教师是不必出面的，只是默许班干部去“自主执行”就可以了。还有的教师动不动就要求学生写检讨。教育学生，需要教师和学生进行心灵的交流和对话，需要教师的耐心和教育智慧，强加给学生的惩罚，大多只能带来负面效应。

第三面镜子为师德之镜。

有的教师，涵养功夫相当好，按时上班，按时上课，对学生的要求则“顺其自然”——上课你愿意听就听，作业你爱完成就完成，平时你爱怎样就怎样；对学生的成长是不闻不问，对自己的要求是不温不火。这类教师的心中打着这样的算盘：多活几年，多领几年工资，那比什么都强。有的教师一心只向“钱”看，要么给学生补课，要么就兼做其他生意，要么就沉迷于买彩票、炒股票，等等。总之，付出奉献可以，辛苦劳累也不怕，只要有报酬就行。有的教师，对学习成绩好的和有家庭背景的学生热情有加，反之则爱理不理，甚至冷眼相待；有的教师，为了自身利益“暗箭伤人”，暗示甚至明示学生在考试中要“大胆”……但是，只有具备高尚的情操、渊博的学识、人格魅力和责任心的教师，才会对学生的成长产生深远的影响，也才能真正受到学生的爱戴。

开学之初的别样风景

开学报名时，在一些教室外的走廊上，常能看见几个学生神情沮丧，要么面壁而立，要么趴在栏杆上写着什么。原来是那些调皮学生和“差生”。新学期到校后，老师先让他们反思或者写检讨书、保证书。随着他们一起“受罚”的还有他们的家长，或者陪着他们一起站，或者大声地训斥他们。等班主任走出教室，家长一边赔着笑脸一边让孩子给老师认错，直到学生用最端正的态度“认识”了所有的错误，做出了最有力的“保证”后，班主任才给报名。还有极个别的学生，可能因为实在太调皮，到开学第二天其他学生都在教室里上课了，他们手里还拿着检讨书、保证书之类的东西，和家长一起在校园随着班主任跑来跑去……

不少班主任认为，开学是让调皮学生反思错误的最好时机，对其“当头棒喝”是最好的教育方法，也让家长彻底认清孩子的“本质”，以便在新学期更好地配合学校教育。这一“宝贵经验”已被一些年轻班主任采用，成为学校开学报名时的一道风景。不过，这道风景并不美。

行为习惯差、学习成绩差的学生经过面壁、写保证或检讨之后就能有所转变，那是把教育简单化了，其结果可能恰恰相反。强迫学生回忆以前的缺点、错误，会让学生的心理异化，正如把一个人已经痊愈的伤疤再次揭开，增加疼痛不说，还可能造成伤口感染。让学生在家长和其他同学面前丢尽了面子，学生会更加自卑或者更加自大，对老师的亲近感和信任感将不复存在，逆反心理更强，学生会认为“反正都已经这样了”，以后老师教育他就更难了。

一位优秀的教师曾说过，“学生的一切错误皆可原谅”，更何况这是学生以前的错误。学生在不断地成长，教师何必翻出老账本来计较。新学期开学的报名工作不是对学生的审判也不是惩罚，我们更应该给学生新的机会，赋予他们新的希望。有的班主任就做得非常好，对那些调皮学生和“差生”绝口不提他们的“短处”，而是和他们亲切地聊聊天、拉拉家常，问一问他们新学期的打算。如果实在要给他们提个醒，可以像这个班主任这样做。

"小张啊，老师要感谢你哟！尤其是谢谢你上学期犯的那些错误。"王老师说。

小张一听，迷惑不解："老师，您放心，这学期我会尽力改正的。"

"真的要感谢你，你还记不记得那次写的'爱情诗'，老师把教育你的过程记下来写成了文章，已经发表了；还有你那次和数学老师发生冲突的事……这些对于老师而言都是宝贵的教育资源啊！"王老师真诚地说。

小张涨红了脸，却抑制不住内心的喜悦，说："老师，新学期我一定好好表现，让您可以写我表现好的一面。"

"好得很，那我们要好好合作哟。"王老师高兴地说。

小张用力点了点头。在愉悦的氛围中，王老师给小张办好了报名手续。

这道风景就很美，没有"杀气"，没有训斥，没有惩罚，没有检讨书和保证书。但是明眼人一下子就可以看出王老师做法的巧妙之处，赞赏之中暗含了批评，既对学生进行了教育又不露痕迹，学生非常乐意接受，也拉近了师生间的心灵距离，为新学期的育人工作奠定了一个良好的基础。

警惕调解好的冲突复发

星期五早上，我收到一个匿名短信，说是小婷在放学后要跟别人在桥坝滩打群架。早饭后，我把小婷叫到办公室，小婷对事实“供认不讳”，并边哭边说对方扬言要毁她的容，我安慰她，让她控制好情绪。小婷平静下来后说，事情的起因是初一某班的一位男生小林想和她“交朋友”，她拒绝后，当时在场的小林的同班同学小强骂了她，她与小强发生了激烈的争吵，之后就读本校初二（1）班的小强的姐姐小月想为弟“报仇”，与小婷约定本周五放学后在桥坝滩见。

中午，我电话联系了小强的班主任陈老师后，把小强叫出来问情况。小强说他看不惯小婷经常和初二某班的一些男生在一起，所以就帮着小林说了她几句，后来双方争吵升级。小强说说毁容是一时气愤，他可以保证不再约人去和小婷打架。我让他去给他姐姐说说这件事，一会儿，他回来说他姐姐也表态不打了。不久，陈老师和小强的家长都到了，大家一起对小林和小强进行了教育。接着家长问我要不要找小月来教育一下，为了顾及小月的面子，我说刚才小强已经给他姐姐说了，不必再找小月了。

等家长走后，我还是有些不放心，就到初二（1）班去找小月，我先肯定地说双方都有错误，至于小婷，我马上就要去教育。小月还告诉了我一个重要信息，她说小婷也买好了刀子。稳住了小月后，我回教室让小婷交出了刀子，一把不长但很尖利的小刀，我再次对小婷进行了教育，并吩咐她一定要把约好打架的男生劝住。小婷出去了一会儿，回来说她已经处理好了。

为了稳妥起见，我找到了小月的班主任周老师，把事情的来龙去脉给他讲了，希望他再给小月说说。上第一节课前，我亲眼看见了周老师对小月进行思想教育。

下午6点钟左右，等到所有的学生都离校了，我们学校初三班主任和领导应县内几所职高的邀请在县城某饭店吃饭。饭局开始不久，我的手机铃声响了，我一接，不由大吃一惊。原来是小婷向我打来了求救电话：“老师，我们在桥坝滩，你快点来吧……”我听到电话里不时传来争吵声，似乎马上就要打起来。我让小婷把电话拿给小月接，几秒钟后，小婷说她不接，我说："你告诉他们说我马上就赶来，并且已报了警，谁敢先动手保证谁吃亏。"然后我赶紧向学校领导汇报情况，领导当即拨通了镇派出所的电话。

后来听说，当派出所的同志赶到桥坝滩时，小婷和小月两伙人听到警笛声已经吓散了。几乎同时，学校保安同志通知的小月的家长也赶到那里。第二周星期一，学校德育办、安全办对当天在场的学生一一进行了教育。

在解决这次学生冲突中，作为当事人小婷的班主任，我可以说做了很多事情：安慰并教育小婷；不偏听偏信任何一方，不但找了小婷了解情况，也找了小强和小月了解情况；没有武断地处理，没有作出不恰当的裁定；联系了其他两个班的班主任共同教育……一直到双方都表示不再继续发生冲突为止，可最后，双方还是差点在桥坝滩打起来，直到警笛响起，双方才作罢。

星期一再次了解情况后，我才知道，小婷事先约好的那一伙男生依然以保护为名，"护送"小婷回家。小月一方对此并不示弱：都说好不打了，你还带着一帮人。于是他们一群人以散步为由，在桥坝滩等着小婷。就这样，小月和小婷再次理论起来……

这件事，让我更明白，现在的孩子个性普遍较强，教师对学生的教育，不是一句话或一两次就能收到显著成效的，所以教师应该保持更大的耐心，更应该讲究策略和方法，并且不要只听学生所说的，而要看学生的实际行动。尤其是对于学生将要发生的冲突，教师更要密切观察和关注，要注意其反复性强的特点，要保持各方面信息的畅通，如让了解情况的学生及时报告，要及时通知家长、学校相关领导等，以便及时、有效地阻止冲突或冲突升级，避免悲剧的发生。

好在那个匿名短信及时通知了我，好在最关键的时候小婷给我打来了求救电话，那是因为在平时，我在做学生师长的同时，争取做他们的朋友。这样，我才能很清楚地了解学生最近的思想状况，了解学生将要发生的冲突和已经发生的冲突，才有可能把前者消灭在萌芽状态，才有可能让后者不再升级。

管理学生的“三大绝招”该休矣

一是“民主”地罚款。

“罚款”管理班集体已是一些班主任多年的“先进经验”，它运用起来省事、简单而且特别有效。罚款的班规完全由学生民主制订，不需要班主任担心，征求班上学生意见时，一些学生会主动提出这种管理方式，班主任只需要“顺水推舟”，点头即可。既然这是“民意”，就算有少数学生反对也无效，因为“民主”中有“少数服从多数”这一核心要点。罚款的实际操作由班干部执行，班干部中分别有记录违纪情况的、记账的、管钱的。罚得的这些钱全部做班费，用于开晚会、对成绩优秀和表现好的学生进行物质奖励等，尽管是“羊毛出在羊身上”，可一些班主任美其名曰“取之于民，用之于民”。罚款的数额不会太大，刚刚能把学生当天或最近几天的零花钱罚完就行，经常违纪违规的学生不怕罚站、罚跑、罚打扫卫生，就怕罚自己的零花钱，因为这样会没得吃、没得玩。

虽然罚款这种管理学生的方式被教育主管部门明文禁止，但是它仍然作为一种潜规则被一些班主任广泛运用。因为大多数学生及其家长都默许了这种方式，如果有少数学生或少数家长不赞成甚至揭发，那就肯定会成为“众矢之的”，谁愿意冒这个险呢？况且即便是上级清查，班主任没有用罚款的一分钱，顶多被批评教育一番，然后退款便了事。

二是“巧妙”地撵走。

某校一个女教师刚刚担任班主任，其所带初一新班中有几个成绩很差又特别调皮的学生，于是有的教师预言：她会被那几个学生气得掉眼泪，然后在中途会向学校申请辞去班主任。然而这个预言却不准确，一年过去了，她仍然开开心心地当着班主任，而且据说她在班上的威信还很高。那么是不是她转化了那几个调皮学生呢？答案是否定的。后来该班主任私下里向同事们介绍了自己的“成功经验”：“对那几个学生，我刚开始还是很耐心地教育，可他们仍然屡教不改，然后我就想了很多办法让他们在班上呆不下去。在初二时，这几个学生一个辍学、一个留级、一个转学……”原来她的绝招就是把那些不听话的学生“撵走”。这招果然很灵，既剔除了

"害群之马"，又能在班上"杀鸡给猴看"。现在她班上的纪律好极了，她谦虚地说她才当班主任没有什么经验，只不过自己曾经态度非常诚恳，请教了本校的、外校的多名老班主任，经过认真分析和研究，然后才归纳出这个共性，这得感谢他们传授了"真经"。

三是频繁地请家长。

尤其是在前几年大家对"体罚"谈之色变后，一些教师再也不敢"惩罚"学生，因为"体罚"和"惩罚"之间的界限至今模糊不清，稍不注意，"惩罚"就可能演变为"体罚"。于是，不少教师就有这样的想法：惹不起总躲得起。任课教师在课堂上发现学生违纪了，除了当场尽量制止外，也不教育学生，下课后就告知班主任，让班主任去处理。班主任感到几次教育学生无效后，只要学生有违纪违规的问题，就打电话或发短信给家长，请家长在家里教育或到学校配合教育。换个角度看，其实是班主任把教育责任直接交给家长，把教育学生的烦恼直接转移到家长身上，自己落得一身轻松。有的家长对教师频繁打来电话"举报"的行为无法忍受，以为教师可能专门是针对自己和孩子，可又不好直接对教师"发火"，有条件的家长就想到了"转学"，让孩子到新的环境里学习；没有条件的家长只能怪自己的子女不争气，只好选择"辍学"。

管理学生的这三大"绝招"虽然简单、好用，但是教育毕竟有自身的规律和原则，任何急功近利的做法都不可取。究其本质，"罚款"会让作为消费者的学生根深蒂固地认为"金钱就是万能的"，极有可能成长为道德观念畸形的公民；被"撵走"的学生没有受到良好的教育，没能改变不良习惯和思想觉悟，到其他学校、其他班级后依然是"问题生"，到社会上流浪更易走上违法犯罪的道路；频繁地请家长，并未真正形成"家校共同教育"的合力，只是把学校教育该完成的任务交给家庭，加重家长的教育负担和思想负担。因此，管理学生的这三大"绝招"是到真正叫停的时候了。

教师不该丢弃自己最基本的东西

最近，看到一则《中学老师长期劳累猝死讲台千人泪别》的新闻报道，细读之，了解了事发那天的经过：下午 4 时许，该老师在办公室里说自己头晕脸发热，同事劝她回家休息，但她却说还要给孩子们讲题；下午 5 时 20 分，她在课堂上晕倒了，临终前最后一句话是“你们一定要好好学习……”。医生分析说，该老师的脑溢血与她长期劳累有直接关系。

最后一句“你们一定要好好学习”体现了该老师可歌可泣的敬业精神，“千人泪别”的场面也令人感动万分。然而，在钦佩和感动之余，该老师还带给同为教师的我们无比沉痛的心情，一些教师评论“无语”“工作重要，身体更重要”“应该为教师减负了”“这是中国教师的可怜之处，更是可悲之处，愿她的灵魂进天堂”……

让人深感惋惜的是，明明已经知道自己“头晕脸发热”，为什么不请假休息或者去看病，而还要坚持去上课？学生的学习固然重要，但自己的生命就不重要吗？为什么要长期劳累？

首先，教师不该丢弃自己健康的身体。

据了解，不少教师的身体已经处于亚健康或不健康状态了，这需要引起广大教师的高度注意，一方面要通过药物治疗；一方面要积极参与体育锻炼。另外，教师都应保持一颗平常心，要舍得抛弃不必要的利益和荣誉，在工作中主动为自己“减压”。

在新时代，这种因病累倒在讲台、“舍生忘死”的工作作风已不被提倡了，如果我们还墨守成规、固执己见，那么最后“受伤的总是自己”，除了得到一点点同情之外，什么都得不到。

其次，教师不该丢弃家庭的幸福。

有这样一个教师，对学生高度负责，从参加工作起，近 10 年所教班级学生成绩每学期都名列前茅。可恰巧在 2008 年临近中考那一段时间，她女儿生病了，为了班上学生能考好，她无暇顾及女儿的病情。中考过后，女儿连续高烧 7 天才送进医院，病情终于被控制，不幸的是女儿因持续高烧而永远听不到外面世界的声音了。可喜的是，她的学生在中考中取得骄人的成绩。后来，在全市民主评选“十佳教师”时，该老师理所当然地被学校推荐为候选人。该老师的事迹一经宣传，感动了很多人，在与其他教师的竞选中，她所得选票也很符合人们意愿而高居第一。但是最后让人极其意外的是市里并没有把她评为“十佳教师”，在颁奖会上，主持人作了解释，该老师的所作所为确实让人万分感动，但是我们不提倡以牺牲自己女儿的一生的幸福为代价……

读这个故事时，我开始也为该教师没有评上“十佳教师”而愤愤不平，但最后我也赞同市里所作的这个出人意料的决定。感情归感情，理智归理智，仔细揣摩，该教师的班级就是考“全国第一”，她所教的学生今后个个都是杰出的人才，也无法让她的女儿恢复正常的听力，这对一个原本身体健康的孩子是多么不公平、多么不公正啊！

我想，假如时光能够倒流，该教师会作出怎样的选择呢？

当一个好教师，就请先当一个好母亲、好妻子或者先当好一个好父亲、好丈夫，也尽力扮演好家庭的其他角色。否则，“好教师”的说服力也不强！

身体是“革命的本钱”，家庭是“温馨的港湾”，这两道最基本的底线需要教师去防守。让自己的身体健康、家庭幸福，师德才不会畸形地高尚，教书育人才会真正动力十足，教师才能获得真正的幸福。

慎选课代表

小张老师刚参加工作，担任了初一的班主任，恰好同事王老师的女儿分在他这个班。王老师的女儿在小学毕业检测中的成绩很好，尤其是语文成绩，位居全班第一。开学初，小张老师就宣布了由王老师的女儿担任语文课代表，然后去给王老师报喜。王老师听说女儿当了课代表，是小张老师指定的，他心里既高兴，又隐隐约约有一丝担忧。

果然，王老师的女儿上初中后，不知是不适应或是其他原因，语文每次单元检测的效果都不理想。小张老师有点着急了，叫王老师的女儿努力些，王老师也加强了辅导，但仍然收效甚微。尤其是在期中考试，班上很多学生都在 80 分以上，王老师的女儿只考了 78 分。于是，小张老师更换了课代表，事先也没给王老师打招呼。这让王老师很生气，王老师的女儿更是伤心。在安慰和教育女儿的同时，王老师决定下学期把孩子转到另一个班……

小张老师仅凭入学测试成绩就确定课代表，这种做法显然不大好；而期中考试后又悄无声息地更换课代表，这更是不合情理的，造成了学生先喜后忧的情感波折，不利于学生的健康成长。难怪作为学生家长的王老师要自己的女儿下学期转班。

学生从小学进入初中，要进入一个新的班级，要增加一些课程，各科教师也需要有一个课代表做助手。课代表既然是一门学科的形象代表，就要长期地热爱这门学科，乐于学习且能主动探索先进的学习方法，课堂上思考和回答问题积极，收发作业认真负责。这就要求初一的班主任对此有清醒的认识。

在刚刚选定课代表时，班主任既不可有先入为主的想法，比如，只依据学生升入初中的考试成绩，只了解某某学生在小学的学习和表现，或者根据在初中的一两次考试成绩，便确定课代表；也不能只看学生开始时积极的表现，比如，看到有的学生争着抱作业、有的学生踊跃回答问题、有的学生在上课前就能背诵课文等，就立即宣布由他来担任课代表。

较好的做法是，班主任先参考一下成绩和表现，再指定学生当“临时课代表”。宣布之前，班主任要当着全班同学的面把话挑明：由于大家相互了解还不够多，暂时让某某同学“负责”工作，如果不乐意，可私下给老师说，过一段时间（大约在半个学期后），同学之间都知根知底了，再正式选举，欢迎同学们竞选。这样既随时给了“临时课代表”台阶下，又激发了大家的竞争意识，不会被所谓的面子观念困惑。至于“临时课代表”能不能“转正”，主要看他的上进心和责任感了。在课代表正式产生之前，班主任还可以在班上明确地指出，今后每学期初，单科成绩排列在前十名的学生可以向课代表挑战，通过竞选登上这个“宝座”。

虽然课代表不是一个“官”，但选好了、选准了，就会带动全班学生认真学习这一学科。班上有一个公平、公正、合理的竞选方案，课代表便“能上能下”，就会激励更多的学生热爱某一学科。初一时不仅课代表的产生可经历这个过程，班干部的任命也可由“临时”指定到“正式”竞选，再到“换届”选举。

教室也是学生生活的地方

我们做教师的常常纳闷，学生在教室里犯的错误怎么会层出不穷呢？

先看课堂上：昨天有学生传纸条，今天又有学生看小说；昨天有学生嘀嘀咕咕，今天又有学生聚精会神地玩手机游戏……明天还怎么样？不可预料。

反正是批评后这种错误他们暂时不犯了，可是不久又犯新的错误。

再看下课后：不准他们在教室里追逐，他们就在教室里把课桌拼起来当球台打乒乓；不准他们在教室玩球打闹，他们就去买些小画片把自己的书上和别人的书上贴得乱七八糟；不准他们贴画片，他们就拿来象棋、军棋或自制的棋来下；不准他们下棋，他们就……

反正你制止了这个，学生就干那个。

我们不知道学生为什么要与我们“作对”，我们也知道绝大多数学生不是故意要跟我们过不去，我们和学生的关系就像猫和老鼠一样，始终要“战斗不息”。

于是我们叹息：“现在的学生越来越难管！真是一届不如一届！当教师又苦又累，当班主任则更苦更累！”

其实最关键的一点我们也许没弄明白，教师是把教室当作工作的地点，认为教室只是学生学习的场所，当然要求“肃”“静”“齐”等；而学生则把教室不仅当作学习的地方，而且自然而然地视为生活的地方。由于学生有时没有能很好地区分学习和生活，制造了很多违纪的现象。

如果教师能认识到这一点，那么对于学生常犯错误就不会大惊小怪了，对学生的错误行为也就会多一分宽容，就会对学生表现出“我理解你的做法，但我不赞成你这样做”的态度。

鉴于此，教师要帮助学生区分开什么时候该学习什么时候该生活，要理解学生的“生活”方式，甚至有时还可以走进他们的“生活”，和他们一起玩耍一起讨论，就可以具体而明确地指引学生在教室里“该怎样生活”。

因此，我们当教师的应该牢记这一点：教室也是学生生活的地方。

别让孩子太累

对于长跑来说，运动员起步早未必是好事，起步晚也未必是坏事；对于短跑而言，起跑快和慢就至关重要了。“人生是长跑”这个比喻应该说是正确的，但这个比喻也比较笼统，还可以说在充满竞争的社会中，“人生”的“长跑”就是由一段段“人生”的“短跑”组合而成的。因此，培训机构所宣传和推广的“不要输在起跑线上”也不是完全没有道理，但如果家长完全奉其为真理，要求自己的孩子在不同阶段、不同类型的“人生短跑”中都跑到最前面，期望就太高了，孩子怎堪重负？换而言之，家长要正确认识和对待“不要输在起跑线上”这个观点，最好既让孩子健康成长又不要让孩子太累，我以为，这才是家庭教育的最基本的原则。

把“不要输在起跑线上”奉为家庭教育的圭臬，逼迫孩子学这学那，不给孩子自由活动和自由安排的时间，孩子压力过大，最终结果极有可能适得其反，这样的事例举不胜举。前不久，南京一名五年级小学生的一首假期“维权诗”《妈妈，我压力好大》在网络上广泛流传。

一分一秒一嘀嗒/外面的鸟儿早已飞回家/无论是寒冬还是酷暑/我都在家/我在家/不是摆弄芭比娃娃/也不是上游戏网站4388/而是拿起笔在奥数题上比比画画/啊/压力好大/我真讨厌黑板上5678/什么时候我能给自己放一个假/一株草和一朵花我都希望去探索它/啊/压力好大/我真希望和小伙伴玩娃娃家/你当爸爸我当妈妈/照顾宝宝直到他长大/时光一天一天被学习打发/学习的内容难度也越来越大/妈妈，我想告诉你/长大的我不会没有出息/不要让大自然和我没有关系/给我放个假，好吗/妈妈，我的压力真的好大

读这首诗，谁能不心酸心痛？谁能不感慨万分？让孩子养成良好的学习习惯固然重要，但使孩子不失去童年的乐趣也同样重要。只知道读书的“英才”被人们称为“书呆子”，当有一天他们长大后，也许会突然发现除了考试得高分之外自己一无所长，生活中、工作中什么都得重新体验、重新学习，那时他们会憎恶当初那些“好心”的成年人，他们会大声疾呼：“为什么要对我进行‘精神的虐杀’，谁来还给我快乐的童年？”爱玩是儿童

的天性，他们应该有玩耍的权利，应该有玩耍的快乐；他们应该无所顾虑，表达内心的真实想法，享受交流的快乐；他们应该有合作的快乐；他们应该展示个性、施展才华，满足好奇心和求知欲，享受创造的快乐……这一切就是教育（包括家庭教育）应当给予他们的。

别让孩子太累，王卉媛的父亲就做了有益的尝试，和女儿一起快乐地战胜了应试体制。王卉媛从小学一直到高中，父母没有给她报过任何奥数、英语班，一直都“顺其自然”，只是根据她的兴趣为她报了美术班。在别人上课外班的时候，她要不就和表妹在外面疯玩，要不在家里津津有味地看妈妈从图书馆借来的书，这样一直到在即将高三的那个暑假，她才第一次脑袋里想着“高考”这俩字去啃厚厚的辅导材料。她很适合自学，开学第一次考试，她考了年级第一名，把第二名远远甩在后面，高考时也取得了优异成绩。

当孩子有发自内心喜欢的科目时，才让其去读兴趣班或特长班，这样，孩子才有学习的动力。王卉媛喜欢美术，小升初时被分配到家附近一所风气极差的初中，最后靠的就是美术特长进入了北京市二十中，从这个意义上说，王卉媛才真的是差点“输在了起跑线上”。可是，让王卉媛学习好起来的原因，不是美术特长，而是她喜欢上了物理和化学，喜欢上了英文读物，她的兴趣和阅读的习惯让她对学习感到非常轻松，成绩也突飞猛进。

周国平先生在给王卉媛的回信中说感到很欣喜，因为王卉媛有一个好父亲。这个好父亲只是凭直觉和人生经验，“顺其自然”地“教育”子女，最终获得了成功。

还有《低些，再低些》故事中的那个做瓦匠的爸爸，女儿给他电话汇报考试的成绩和名次以及下次的目标时，瓦匠爸爸关心的是女儿的学习压力是否大，关心的是女儿的身体是否健康，对女儿考试的分数和名次要求是“低些，再低些”，懂事的女儿反而更加努力，最后跨进了上海的一所国家重点大学的校门。

因此，家长在教育孩子时，望子成龙之心不要太迫切，别让孩子太累，应该保持一颗平常心，顺应孩子的天性让其自然成长。如此，家长对“不要输在起跑线上”既不奉为真理，又不完全漠视；如此，孩子就会快乐地、身心健康地行走在成长之路上。

任课教师应有和学生沟通的态度

现象一：在教师办公室，几个老师谈到学生姓名时，互相“攀比”谁认识的学生少。一个数学老师宣称：“我教某某班快1年了，除了课代表和少数几个学生外，大部分我叫不出名字。”另一个英语老师说：“我的记性更坏，那天在校外，有学生向我问好，并且问我英语家庭作业交不交，我才知道她是我正在教的学生……”办公室里还时不时传出他们愉快的笑声。

现象二：有个班主任在阅读周记时惊讶地发现，几乎所有的学生都对英语老师作了同样的叙述和相似的评价——英语老师上课从来不提问，保持同样的节奏和语气把一节课一讲到底，学生要仔细听并接受知识，唯一能做的便是记一些笔记，所以英语学科大家都没有兴趣学。

现象三：还有不少班主任诉苦，说任课教师在上课时出了问题，把问题扔给班主任就了事。比如，有学生在课堂上“摆龙门阵”，任课教师把学生姓名记下来，把纸条交给班主任；学生在课堂上看小说、玩手机，任课教师收缴后叫学生到班主任那儿去取；任课老师由于种种原因和学生发生了冲突，马上拨打班主任的手机，要班主任立即到现场处理，最终必须让学生道歉。

不必再举例了。不少任课教师认为，自己的本职工作就是上课，在课堂上把知识传授给学生，课后批改一下作业以掌握学生的学习情况，做到这些就足够了。至于学生的思想教育，那是班主任的事，班主任是享受了专门津贴的。正因为任课教师有这样的认识，才出现了这一系列现象。

无论是教育还是教学，都是教师和学生的互动，一个不熟悉和了解学生情况的教师在课堂上经常演独角戏，就算演得再好，学生也只能做忠实的观众，这与让学生成为课堂的主体的新课程理念不相符。苏霍姆林斯基在论教师的素养时说过，“教师必须深入了解和研究儿童——这是教师教育素养这个品质所要求的”。较长时间内不能记住所教学生的姓名，更不用说爱学生，就连最起码的尊重学生都没做到，这是教育素养严重缺失的表现，何必还津津乐道甚至引以为荣呢？

一个真诚的、负责任的教师，在上课时和上课后绝不会不顾学生的感受，当所有的学生都对你所教学科毫无兴趣之时，你却还蒙在鼓里，还洋洋自得地以“师者”的姿态出现在课堂上，这是巨大的悲哀啊！记得过去一个九品芝麻官说过，“当官不为民做主，不如回家卖红薯”。这样的教师应该学习这个县官的责任感，如果能想办法在学生那儿收集到信息，好好反省一下，就应该不断地提高自身的专业素质，改变教法，否则只能误人子弟，不如另谋职业。

古人韩愈就论说过师者的职责是“传道、授业、解惑”，“授业、解惑”固然是任课教师的职责，“传道”又何尝不是？学生为什么要在课堂上“摆龙门阵”、看小说、玩手机，任课教师不该地向班主任“告状”，而应该通过各种途径去探索前因后果，去教育学生，这样学生才能“亲其师，信其道”。至于与学生发生的冲突，为什么一定要以学生的道歉收场？万玮老师在《班主任兵法》自序中曾经说道：“师生关系出现问题，教师要有承担百分之百责任的勇气，哪怕一开始就是学生的错，哪怕大部分是学生的错。”

苏霍姆林斯基说：“如果学生不愿意把自己的欢乐和痛苦告诉老师，不愿意与老师开诚相见，那么谈论任何教育总归都是可笑的，任何教育都是不可能有的。”很好地和学生沟通，不是班主任的专利，也是任课教师的一种态度。态度决定一切。

过度教育要不得

一位学生跟我说起他的班主任，无奈之情溢于言表。他举了这样一个例子。课上，有同学问他几点了，他小声说了一句没带表，被班主任看见了，下课后就被班主任带到办公室。班主任开始借题发挥，从上课时讲话说到纪律散漫，又说到学习不刻苦、成绩不理想，并拿出期中考试成绩单分析了他的名次，然后又说到他不关心集体，逃了两次值日，最后还想起他吃午饭时总剩饭，不爱惜粮食……“当时，我真想从办公室的窗户跳下去。”这名学生说。

请问这位班主任的处理方式有何不妥？如果是你，你会怎样做？

上面这一事例反映的是一种过度教育。学生犯了错，班主任就把老账新账加起来算个没完没了，或者把错误的性质下意识地无限夸大。

对学生采取过度教育的班主任往往是非常负责的，他们期望通过一次深刻的教育，让学生认识当前的错误，并且还想利用这个时机扩大教育战果，如回顾学生以前的错误并加以警告，用如果或万一等设想问题的严重性以避免错误再次发生。

然而，过度教育只是班主任一厢情愿的想法，完全没有顾及到学生的感受。在过度教育时，学生可能会想“这不是以前的错误吗？现在还要追究”“老师记得我这么多缺点，肯定是对我有意见”“问题有这样严重吗？干吗要这样来批评我”……这样，班主任的话，学生要么根本就没听进去，要么就产生了逆反心理。学生遭到的过度教育越多，对老师就越反感，严重的还会和老师顶嘴甚至对抗。不少班主任认为学生越来越难管教，可以说和过度教育不无关系。

班主任要就事论事，不要“旁逸斜出”；要注重与学生的交流，不要像唱独角戏一样唠唠叨叨；要始终保持师者的气度，不要声色俱厉。学生在叙述时，班主任可以察言观色，根据已掌握的情况判断学生是否诚实和诚恳。如果学生能主动承认错误，班主任就可以和学生作一个简单的君子协定，如下次再犯类似错误，就实施什么样的惩罚。如果学生所犯错误较严重，态度也不够真诚，班主任就可以运用一些心理战术，如盯着对方的眼睛、保持沉默，然后再分析、追问，运用智慧让学生心服口服。

班主任在教育犯错的学生时，要较准确地把握好度，一方面，要想到学生是受教育者，是成长中的孩子，犯错是难免的，没有什么大不了；另一方面，不要对学生的错误放任自流，要善于分析症状，根据病情寻找到最适合的教育方法。

第五章 Chapter 5 常充电

主题感悟

以“名师资源”促成长

苏霍姆林斯基说：“教师进行劳动和创造的时间好比一条大河，要靠许多小的溪流来滋养它。教师时常要读书，平时积累的知识越多，上课就越轻松。”对于读书，培根说得好，“读史使人明智，读诗使人灵秀，数学使人周密，科学使人深刻，伦理学使人庄重，逻辑修辞之学使人善辩：凡有所学，皆成性格”。阅读能促使教师成长的道理大家都知道，但是，很多人难以做到让阅读成为一种习惯。

那么，作为班主任，我到底有没有时间读书呢？答案是肯定的。首先，我渐渐疏远了牌桌、冷落了“游戏”、退出了闲聊，读书的时间果然纷至沓来。上班期间，我在备课、批改作业之余，也可认真阅读。只要我在看书，就没有同事来打扰，就连相互间谈话的声音也会小很多；学校领导来检查坐班情况，也是悄然来悄然离开。更重要的是，阅读和教育教学关系重大，单纯就上课而言，阅读名师的课堂实录，可以借鉴的东西不少；阅读专家或优秀教师对文本的解读，汲取其精华，自己的教育教学思想也深刻了起来，渐渐就有一些话想说想写。

当然，更多的阅读时间是下班后、双休日和节假日。我的书中有自己订阅的《中学语文教学通讯》《班主任》《班主任之友》和《读者》等杂志，有参加各种培训后购买的名师的书籍，有的是朋友送的书，还有的是参加征文比赛获奖得的书。在空闲时间，我常常一读就是几个小时，往往是轻松的和理论性较强的书籍交换着阅读。为了阅读方便，我的书几乎遍布在室内各处，如床头、沙发、饭桌……甚至厕所，我有时坐着读，有时站着读，有时走着读，有时躺着读。阅读当然就要思考，除了思考教学，我还思考班主任工作、教育管理热点等，时不时地会产生灵感，最后形成一篇篇的文字。

读书没有让我成为书呆子，反而在旁人看来，我进步很大、成长很快，而我读得越多越觉得自己不足，越应该挤出更多的时间来读书。

班主任的成长还可以合理利用“名师资源”。作为一线教师，作为班主任，尽管我们普通，工作岗位也平凡，然而辩证法告诉我们，普通的人生也可演绎精彩，平凡之中也孕育伟大。我手中有一本《16位教育家的智慧档案》，这批教育家中我们熟悉的魏书生、李镇西、李吉林、顾泠阮等名师均来自一线，换而言之，他们在以前是和我们站在同一条起跑线上的，因而他们是我们的榜样、我们的参照物、我们最直接的动力来源。“榜样的力量是无穷的”，不要以为这句话只适合于学生，对教师而言也有一定的道理。利用“名师资源”，体验名师的名副其实，能让我们每天都怀揣着希望上路，可以逐步向他们靠近，说不准有一天我们能追赶上他们，甚至超越他们，让自己也“名”起来。何谓“名师资源”呢？我以为，与名师有关的主题报告、成长经历、课堂教学和教育教学论著等都可以看作是“名师资源”。那么，如何对其进行合理利用并使其为我们服务呢？

其一，聆听名师的主题报告。

如果你有机会参加名师主题报告会，请注意“听和记”“思与行”。一方面当然要聆听，听其实践经验——怎么做的，听其教育智慧——为什么要这样做；同时作好笔记，对于很有意义的、精彩的内容，要较详细地记录下来，以作备忘。也许仅仅听一次，就可以唤醒你沉睡的思想，但如果要真正改变你教育行走的方式，还需要你的“思与行”。所谓思，就是听后写好感悟、心得或反思，由此在自己的脑海中描绘一幅成长的蓝图；所谓行，就是按照学习所得的蓝图一步一步走下去，不管遇到什么困难和挫折都要坚持到底。

据笔者了解，成都某中学一位语文教师，以前默默无闻，而在一次高三研讨会上只听了某名师一个多小时的学术讲演，就对写作教学产生了神往之情与执着追求的决心。之后经过几年的理论学习与教学实践，现在这位教师在作文教学领域已取得了丰硕的成果，他指导的学生在各级作文大赛多次获奖，指导的学生作文也在相关报刊发表多篇，自己也先后出版了几部写作方面的专著。

我也曾有幸听过李镇西、陈晓华和程红兵的报告，这三位名师无论从班主任的角度还是从教师成长的角度，都让我受到了深刻地启发和影响，同时也使我消除了在教育教学方面的很多困惑。会后我写了 4000 多字的培训感悟，并把感悟作为校本培训内容向全校教师作了汇报，大家一起受益。之后我也开始走向成为学者型教师的道路，尽管才刚起步，尽管路还很远，但我相信自己会坚定不移地走下去。

名师的主题报告能给我们信心，给我们指引一个方向，给我们一个大致的发展轮廓，更重要的是给我们恒心和毅力，让我们把教育理论付诸实践。

其二，了解名师的成长经历。

比较大多数名师未成名之前，我们各方面的条件和自身的素质也未必差。比如，出生于上个世纪 50 年代的魏书生在 1978 年教中学时只是一个初中毕业生；李镇西在 1977 年恢复高考时内心的志愿并不是“教师”，他的梦想是当一个作家。但他们后来是怎样成为“最好的老师”甚至教育家的呢?这需要我们去了解他们的成长经历。在熟悉了他们的成长过程之后，我们便可以掀开他们的神秘面纱，觉得这也并不十分神奇啊，只要我们愿意去做也有可能做到。

在了解名师的成长经历时我曾作了一些记录，下面摘录两段李镇西老师和黄厚江老师所说的话，希望能给教育界同仁一些启示。

李镇西老师的成长经历感染过不少教师，以他坚持阅读和写作为例，有人赞扬他有坚强的意志和惊人的毅力，李老师却说："你们这种看法错了，这只不过是我每天的习惯、常态而已，不管哪一天我都是这样的，只要有空我就会读书、写作。"

黄厚江老师自述的成长经历——《行走在理想和现实之间》，也能给我们很多的启示，他说："我的思想大多来自教学的实践。在教学实践中，有一点收获，有一点疑惑，有一点感受，我都不会放过。甚至在课堂上，在和别人谈话的过程中，我也会随时记录下脑海中闪过的一点儿思想的灵光，办公桌的抽屉里有着一沓沓记录着零星字句的小纸条。曾有许多年轻老师问我：'黄老师，你写的许多东西，我们也有过类似的想法，可为什么总是写不出、想不深呢？'我的做法是，不要轻易放弃自己的思想，哪怕是一点儿感觉，然后不断地孵化它们。在读书中，在教学中，在各种活动中，在听取别人意见的时候，反复地进行琢磨，或许会否定它，或许会抛弃它，但更多的是，使它逐渐成熟，逐渐深刻。"

其三，欣赏名师的课堂教学。

虽然我们很少有机会亲临名师课堂，但是随着互联网的广泛运用，听名师的课和浏览其课堂实录已不是什么难事。听课时，我们可先从欣赏的角度出发，尽量从其课堂艺术中汲取精华，如教学设计、教态、板书、课堂语言、提问及处理问题的方法等，自己最欠缺什么，就学什么。什么时候有想听和看的冲动，就静下心来慢慢听、慢慢看，听得越多，看得越多，就可能学得越多。

比如，魏书生曾有一堂示范课是给初一的学生讲高三的课文《人生的境界》，在听的过程中我们可以感受到魏老师的激情，这是一个教师在课堂教学中必不可少的修养。在学生回答问题后，他点评时总是有根据地表扬或鼓励学生，给学生信心，把尊重学生落到实处；他还敢于并善于引导学生对教材进行质疑，不盲从课本，不迷信权威；他有意识地培养学生如何学习知识，并运用已有的知识将复杂的问题简单化等。他的课堂教学优点很多，听者可以有意识地各取所需。

但是名师的课堂教学毕竟是名师的，我们不能仅仅去"复制"和"粘贴"，否则有可能落得"东施效颦"的下场。比如，同样是朗读，人家读得声情并茂，而自己却可能读得干巴巴；同样是表扬学生，人家是抓准了时机，顺其自然，对学生有很大的激励作用，而自己却可能是“伪表扬”，学生会感到莫名其妙，或者以为老师是在讽刺他；同样是让学生质疑，人家是让学生在很好地理解了文本的基础上，提出有价值的问题，并能很好地引导学生解决问题，而自己对课文的钻研和让学生的理解等不到位，平常也没注意质疑的问题，学生根本就提不出问题，或者勉强把问题出示给学生，学生却不知所措……因此，教师听和看之后，一方面随即到自己的课堂中实践，修正自身不足之处，一方面要保留自己的优点，以缩短形成自己课堂教学特色的周期，从而由模仿到内化，形成自己的教学风格。

其四，阅读名师的教育论著。

一般来讲，名师的教育论著是其实践的总结和理论探索相结合的成果，它里面既有影响我们的思想，又有指导我们行之有效的方法。以李镇西的《做最好的老师》为例，正如这本书的内容提示所言，它是李老师 20 多年教育教学思想和智慧的精华集萃，全方位阐述了李老师教育观、学生观以及李老师在班级管理、学生思想工作、学生心理健康、语文教学方面的理念和实践。阅读之，在一个个鲜活的故事里，我们确实能体会到李老师的教育思想、教育智慧、教学技艺和教育情感。阅读之，我们会掩卷深思，自己平时以为学生好为借口，做了多少不该做的事，少做了多少该做的事啊！阅读之，我们越来越坚信，只要我们愿意就能做一个最好的老师……

读了《做最好的老师》，我一直很清楚地记得李老师是如何教育那个“问题生”万同的。

在行为表现上，要能预见反复性，做好打持久战的准备。比如，万同考试作弊、在课堂上坐不住、在社会上沾染了打架骂人的习气并和不良青少年交往、早恋等，这些都不是一两天或一两个星期就能纠正过来，李老师不放过每一个教育契机，坚持长期耐心细致地教育他。

除此之外，转化万同更重要的是讲策略、讲方法。比如，万同在课堂上坐不住，就让他抄《烈火金刚》；让万同给自己找“帮助生”，每天进步了就给妈妈“报喜单”；为了断绝和社会不良青少年的交往，就用班级的关爱让万同懂得什么是真正的友谊；万同做不完作业，就单独布置他能完成的作业；万同基础差，考试时就单独为他命题，让他体会到经过努力从一位数、十几分的考试成绩上升到 76 分的成功；万同早恋了，就给他讲自己当学生时的恋爱故事，并真诚地和他以及那个女孩谈心、写信，直至他们信服地“分手”……

终于，万同在李老师的教育下，成为一个合格的中学生，甚至能不自觉地拾起饮料瓶，在行为表现上真正地赶上了或者说超过了很多学生的“优秀学生”，最后万同还代表全班同学完成了“国旗下的讲话”。

其五，培养质疑名师的精神。

任何人都不可能完美无缺，任何人所做的事情并不一定完全正确，名师也是人，他们的课堂教学肯定也会有不可取之处，他们的教育教学理论和实践也肯定有不完善之处，我们在学习的同时还要有质疑的精神，对他们的经验成果也可进行批评。

比如，名师的公开课很出彩，学生配合很默契，有的农村教师便想：“要是名师到我的班级来上课，学生是不是也会答得很精彩呢?”其实这里面还有多少是“演戏”的成分？我们不得而知。学生的学情不同，教学效果也不一定相同。

宋代学者张载说得好，“在可疑而不疑者，不曾学；学则须疑”。在利用“名师资源”的同时，培养质疑名师的精神，会进一步加快我们成长的步伐。

工作艺术

不做“教书匠”

2006年以前，我以“平平淡淡从从容容才是真”为信条，给自己找好了不思上进、不求进取的借口，教育教学上总是“重复着昨天的故事”。事实上那10多年我找不到真正的出路，直至2006年开始“爱”上教育写作，我才有了激情有了理想，不再满足于做“教书匠”。

第一，做教育的“观察家”。

要写文章，身边的典型现象、教育的热点和焦点问题就不得不关注。如惩罚学生，是我经常要面对的，拿不准它们的“尺度”，要么就违反了有关规定，要么就会丧失教育学生的信心。但教师只要通过认真分析研究，就能在惩罚的范围内“游刃有余”。再如随着时代的迅猛发展，现在的学生心理、表现与过去的学生可能存在很大差距，用教育叙事的形式记录一些教育个案，我自己就能“合上时代的节拍”，不至于成天陷于“嗟叹”的泥淖无法自拔。

第二，做教育的“哲学家”。

这里所谓的“哲学家”，是指对教育教学各种现象要“一分为二”地看，不能人云亦云或者迷信权威，因为各地实际不同、条件有别，有些方法在这里行得通在那里未必行得通。城市的教师和农村的教师、南方的教师和北方的教师、不同学科的教师，就得在“借鉴”先进理念方法的同时“因地制宜”，即通过写作去澄清和论证一些观点。例如，目前各校流行的学生“评教”，我认为大学、高中、中专学校的学生价值观和世界观已经形成，学生的评价“理智”得多，教学就可“透明化”，让学生评价占相当的比重也十分合理；而初中、小学的学生就可能跟着感觉走，主观上认为某某老师好或者没有批评过我的老师好，标准相对模糊，让学生评价占一些比重就行了。我把这些看法写成文章《分年龄段搞好学生量化评教》《让学生评教更真实》并发表，可供一些教育管理者参考。

第三，做学校的“土专家”。

不少教师通过走阅读、写作的路子而成为名师，比如四川的李镇西老师、广东的陈晓华老师等。如果作为教师的你，也热爱阅读和写作且坚持了较长一段时间了，估计你至少在本校内已成为“名师”了，把你的成长经历写下来讲给同事听，可激发身边很多教师的热情，明智的学校领导也不会放过这个校本培训的机会。我有过类似的经历，外出进行班主任培训后，学校要求我把培训的“福利”让全校教师分享，于是我把培训的所得、所思、所悟整理出来，向同事们一一作汇报。

第四，做教研的“探索者”。

无论是校本教研课题还是在县市省立项的科研课题，只要教师能踏踏实实作研究记录，专业素养就会向纵深方向发展，而要成为一个真正的教科研探索者，不热爱教育写作是办不到。“板凳要坐得十年冷”，这句话非常适用于正在研究课题的教师。近两年，我校参与省市立项的课题研究，都让我担任了主要研究人员，这无疑又为我提供了锻炼的机会。我还自由地研究一些小课题，力求把某一领域的某一个细小的方面研究透彻，这也算为学校作出了“大”贡献。在研究中，查阅相关资料、学习相关理论、了解相关的最新成果以及相关实验等，其实就是一个更新观念、快速成长和进步的过程。

第五，做教改的“排头兵”。

教育写作能促使教师主动地进行课堂教学改革，如对教学的反思，能有效地改变教师教法，提高学生自主、合作、探究能力，提高教师的教育教学能力。我作为一个中学语文教师，对语文新课程标准进行了仔细研读，对其中的“语文评价”“课堂资源”等有所感悟，再根据课堂教学的经验和教训，写出了《与语文课程评价标准同行》《善待课堂生成性资源》《个性化阅读中的两个不等式》等多篇文章发表。另外在教学设计、课堂实录等方面也认真摸索，并不断实践，这样让理论与实践多次碰撞又多次结合，形成良性循环。在教学上我从不只依附现成的教参教案，以学生乐学并有所得为宗旨，取得了理想的效果。

用人格魅力征服学生

——读李镇西《做最好的老师》

教师的人格是由学识、能力、性情、品德修养等综合素质融合而成的，平等地、真诚地对待学生和尊重学生，具有奉献精神和民主思想，是教师展示人格魅力的形式。然而，不少教师缺乏人格魅力，教育成效低下。李镇西在《做最好的老师》中指出“教师应当用人格魅力征服学生”，并指出教师几种错误的表现。

表现一：以暴制暴——曲解威信。面对学生出言不逊、打架斗殴等违纪违规行为，一些教师仗着自己是教育者，采用“铁拳”政策，要么对学生“出手”，要么实施“蹲马步”“下跪”“打手心”等体罚措施。此举固然树立了教师的威信，很具威慑力，但学生只是敢怒不敢言。其负面作用一是让学生“怀恨在心”，二是让学生仿效教师用暴力解决问题。

对此李镇西老师有很深的认识，在他刚参加工作的头一个月便有 3 次打学生的经历，但他很快就认识到这种方式是不正确的，学生是教育的对象，自己应该负有爱和教育的责任。陈晓华老师也谈到，骂赢了、打赢了学生又算什么本事。由此可见，一个教师只有对学生真正付出爱心，才能树立崇高的威信，才能有力征服学生。

表现二：师道尊严——思想迂腐。我是教师，我讲的知识绝对正确，我说的话就是真理，学生必须无条件服从。比如，有老师在班上改作业时，忘了带红笔，学生赶紧把红笔递过来，而老师连一声“谢谢”都没有说，认为这是理所当然的。

有一次学生生病了要吃药，李镇西老师在办公室给他接了一杯热水，学生连忙感谢。这让李老师感触很大，学生是多么尊重老师啊！这让李老师认识到，在很多场合，教师也应当尊重学生。陈晓华老师也说，以往，人们把学生和老师的关系比喻为“老鼠和猫”，随着社会的发展，这样的时代已经结束了，“老鼠玩猫”的时代来临，所以“猫”必须做好心理准备，放下“师道尊严”的架子，用机敏和智慧与“老鼠”和谐相处，尊重他们并与其打成一片。否则，“猫”会处处碰壁，身心俱损。

表现三：短视狭隘——眼里只有学生的缺点。一般情况下，教师眼中只有学生的缺点，没有学生的优点，很多时候戴着有色眼镜去看学生。如对于平常写不好作文的学生来说，某一次写得很好，就怀疑：你在哪儿抄的？抄的谁的？还有诸如交作业、遵守纪律等，平常我们看到的是个别学生做得不好，我们看不到绝大部分学生做得很好，为此我们常常埋怨、生气。

其实教师应当心胸宽广、高瞻远瞩，不必太在意因学生的成绩和表现带来的“名利”。李镇西老师在缺点很多的学生万同身上挖掘优点，终于把他“改造”成了一个合格的中学生。陈晓华老师指出，“哪壶不开提哪壶”为什么不换作“哪壶先开提哪壶”呢？欣赏大多数学生，包容极个别学生，这样我们就会少一些烦恼，少一些职业倦怠。

表现四：止步不前——却要求学生进步。很多老师对学生要求多，要求高，比如，要求学生认真听讲、认真完成作业、多读书、多思考、争取每一次考试都能取得好成绩、争取每一次竞赛都能积极参与并获奖等。但教师自己却满足于现状，不求上进，不能为学生起示范作用。

“己所不欲，勿施于人。”谁都知道，要适应现代社会需终身学习，教师也不例外。李镇西老师认为，教师应是一个满怀热情的理想主义者，应是一个心忧教育的行动主义者。他还指出阅读和写作能提高教师素质，他自豪地说：“读书、教书、写作，就是我现在生活的全部内容。”的确，读书和写作的过程是一种精神享受、灵魂洗礼！它能使人无欲无求、人格升华！教师的学术水平与道德情操在学习中不断地完善与统一，其铸成的人格魅力无时无刻不深刻地影响和感染着学生。

教育家的成长智慧

——读《16 位教育家的智慧档案》

下面是几位教师简历中的一些重要信息：

1978 年如愿当上教师，去教中学时，只是一个初中毕业生。

1982 年从四川师范大学毕业后到乐山市第一中学任教。

一天的高中都没上过，也没上过正规大学，1972 年通过招聘当上了语文教师。

在一所小学工作了一辈子。

1985 年于重庆市合川师范学校毕业。

1981 年到江苏省江浦县五里村小学任教，投身乡村教育 23 年。

这些背景都很普通吧，你可能想不到，这 6 位教师分别是魏书生、李镇西、刘京海、杨一青、廖文胜、杨瑞清，他们都曾获得教育部 2004 年授予的“中国当代教育家”荣誉称号。当年获得这一荣誉的一共有 16 位中小学教师，除了上述 6 位，还有李吉林、顾泠沅、张思明、张化万、刘彭芝、康岫岩、龚正行、李烈、李希贵和唐昌盛。

平常同事们一起聊天，当说到教育家的时候，大家都是充满了仰慕之情；写教学论文的时候，也要搜肠刮肚引用某某教育家说过的话，以充当有力的证据……作一个不太恰当的比较：人家就好像是天上有无边法力的神仙，自己只是地上最普通的一介草民。我们一致的感觉是，教育家既离我们遥远又神秘，我们连当教育家的梦都不敢做。

对照初为人师的客观条件，几位教育家比我们好不了多少，甚至有些比我们当年的条件还要差。换而言之，初为人师时，他们和我们基本上是站在同一起跑线上的。现在我们应该明白，这些教育家也曾经是一线教师，也曾经那样平凡、普通，然而是什么原因让他们在基础教育领域里“跑”到了最前面？

尽管 16 位教育家的成长之路各不相同，但有几点却惊人地相似，现仅列举三点：

第一，爱读书。魏书生认为，教书的人自己要多看书，要听多家之言，才能融会贯通。从苏联的凯洛夫、赞科夫、苏霍姆林斯基到美国的杜威、布鲁纳、布卢姆，再到欧洲的一些教育家以及中国的孔子、墨子、朱熹、陶行知、叶圣陶等教育家的教育思想，魏书生都进行过深入研究，各取所长，并运用于自己的教育教学实践。李镇西老师读过的书不计其数，他还给学生读《钢铁是怎样炼成的》《青年近卫军》等文学名著。李老师的一位学生说："李老师不管去哪里，都要带两本书，有空就读，即使是在火车上、飞机上，他也捧着书读。"

第二，爱写作。顾泠沅的文件柜里整整齐齐排列着100本教育笔记，记录着他最充实的内心世界、最精彩的人生，是他最宝贵的财富。龚正行校长有个习惯，无论多忙，所有的发言稿、讲话稿，包括参加学术会议的论文、介绍办学经验的报告等，他都亲自写。他"用写文章来促进自己的学习、促进自己深入实际、促进自己思考问题"。按常理，数学教师大多不善于写作，而唐昌盛却写出了30多本教育专著、近100篇教育论文，编撰了近400万字的教育丛书。

第三，爱研究。李吉林的研究从"情境教学"到"情境教育"，再到"情境课程"，越来越深入，在小学语文界产生了极大的影响。研究，使她自己深感快乐和幸福。张思明认为"数学教学应该是美丽的"，于是他不断研究如何向生活学习，引导学生自己提出问题，并解决了一大批生活中的数学问题。张化万主张小学生在玩中学习。他上过很多经典的公开课，如"谈天说地""玩玩说说""称金鱼""烧手帕""吃西瓜"等，这些都是研究成果的呈现……

总之，16位教育家都拥有远大的教育理想和不懈追求的教育探索精神，积累了丰富的教育经验，沉淀了多彩的教育智慧。对于他们的智慧，只要我们认真学习并善于领会，就会感觉到他们好像就在我们身边，就能追随他们前进的脚步。

农村教师的一面镜子

——读《教书，不简单》有感

曾继洲老师曾在赣南山区从教六载，那段青春岁月已深深地烙在他的脑海里，令他一生难忘。阅读《教书，不简单》，我很自然地想到，同样是农村教师，我在村小教书两年，在乡镇初中任教 15 年，面对的绝大部分学生来自农村，我是否也有如此幸福美好的回忆呢？我是否也像他一样做到了“让家长放心、让学生骄傲”呢？

曾老师到乡村教书是出于他的意愿。赣南山区，那被剪落的梧桐树的顶枝，那红得夺目的映山红，那层层叠叠的丝瓜叶，那茂盛的芭蕉丛，那风中的芦苇，那小径、小河、山石……以及那些叫得出名或叫不出名的小花，寻常的乡村景物，在曾老师的眼中美不胜收。曾老师还能从中找到挖春笋、采蕨菜、翻螃蟹、煨红薯等不少的乡趣。也只有心甘情愿扎根乡村的老师，才能发现这些乡趣，才能视乡村为世外桃源。我在村小那两年，虽然能呼吸到清新的空气，偶尔也能领略那美丽的村景，但更多时候，我想的是如何逃离这封闭、落后的乡村。

曾老师能放下老师的架子与乡村孩子交往。他为学生保守秘密，他和学生一起游戏、玩耍，他从不在校外批评学生……但他又细心地排除各种安全隐患，真正关心学生。一个能和自己谈得拢、给自己面子而又能守住秘密、在一起玩得开心而又能保护自己安全的教师，怎能不成为学生的圈内大朋友？因为“亲其师”，所以“信其道”，曾老师能让学生信服，能教好学生，本来就在情理之中。我也多少明白一点这个道理，曾在课间和学生玩“打脚仗”“修房子”及跳绳等游戏，曾在双休日和学生一起到小河边钓鱼、去田野野炊，但我因师道尊严的思想作祟，总还是令学生又敬又畏。

曾老师对学生的首要要求是“学会做人”，“要先做家里的好孩子，其次才是学校里的好学生”。曾老师因地制宜，让学生跳绳、拔河、打乒乓，教学生唱歌、搞文艺晚会，学生的活动丰富多彩。另一方面，曾老师也是“严师”，他对课堂、课间规则考虑得很细很周到，既能让学生接受，又能提高课堂效率。因此，令一些人感到奇怪的是，似乎有些“不务正业”的曾老师，班上考试成绩总是在全乡名列前茅，再调皮再不遵守纪律的学生在曾老师的班上总是那么服服帖帖。我常常抱怨村小学校硬件条件差，没法开展真正的素质教育，除了教学生唱过一两首歌、上过“放羊式”体育课外，在行动上却始终以“学习成绩”为中心，果然在两年后，我接的那个班在毕业质量检测中取得了好成绩。到了乡镇初中后，我在口头上仍然经常高呼“爱学生”“一切为了学生”……暗地里却是为自己的荣誉、奖金而努力。

曾老师的心里装着学生。放学了，他还惦记着学生，他仿佛能看见每个学生放学后在干什么；学生和他“心有灵犀”，明白曾老师正在挂念自己；双休日，他走很远的山路去家访，不是去告状，是为了告诉家长这个孩子有多能干，有好多的优点，是为了和家长拉家常。开学第一天，他能记住班上所有新生的名字且能对得上号，固然曾老师的记忆力好，但这更是他多次用心默记的结果……我想，任何教师只要能做到这些，他对学生的教育至少已成功了一大半。

总之，《教书，不简单》这本书完全可以作为农村教师的一面镜子，映照我们的思想和心灵，映照我们的优点和不足。和曾老师对照后，我们反思、学习、改进、提高……力争做一个让家长放心、让学生骄傲的教师。

“明星教师”管理“差班”的启示

美国罗恩·克拉克的传奇故事被好莱坞拍成了电影——《热血教师》，他成为一名世界瞩目的“明星教师”。从这部电影中，我深深感受到教师就算接手一个“差班”也能“有作为”。

做好家访工作。较快地记住学生的名字、了解并熟悉学生的个性是所有班主任必做的事情。对于一个“差班”而言，“问题生”肯定也相对较多，“问题生”之所以成为“问题生”，和他们的家庭有很大的关系，所以教师要尽可能多地了解学生的家庭情况，以便在今后的教育中对症下药。比如，克拉克最初了解到12岁的莎美卡有3个弟弟妹妹，简直是家里的小保姆……克拉克老师和莎美卡斗智斗力，经过一番艰苦的学校教育，一贯桀骜不驯的莎美卡有较大的转变时，却没有时间完成家庭作业……然后克拉克在家访时说“莎美卡是最有潜力的学生、一个天生的领导者，有创造力，聪明”，终于说服其母亲让保姆去照顾其他孩子。由此可见，教师家访的真正目的是让家长对自己的孩子充满信心，从而全力配合老师教育孩子。

营造教室文化环境。最先上课时，克拉克老师面对混乱的教室，他一言不发，把一个“敢于做梦、勇于冒险”标语挂在黑板上，虽然没能得到学生的认同，但这却是一个良好的开端。放学后，克拉克老师把整个教室收拾一遍，令第二天走进教室的学生惊讶不已。当然，不是一两次这样做就能打动学生，克拉克老师苦心布置的教室经常被弄得一团糟，他却坚持做了下去，渐渐地教室的墙上贴满了孩子们的励志标语。让教室整洁干净、让四面墙壁和后面的黑板都能发挥无声的教育功用，这对于我们来说不是一件难事。营造良好的教室文化环境，多多少少总能让学生受到一些感染和熏陶，是一种有效的教育手段。

有针对性地逐步出示班规。克拉克老师并没有一下子出示所有的班规让学生遵守，对于这样的“差班”来说，一开始就呈现出很多的班规反而会显得空洞，学生不会切实地执行和遵守。他的第一条班规是“我们是一家人”。连这样人性化的班规最初也受到了孩子们的嘲笑，但后来克拉克老师反复强调这条班规，并用“亲人”般的温暖让学生感受到了这条班规的可爱。他的第二条班规是“我们互相尊重”。当有学生不尊重老师和其他同学时，克拉克或机智或幽默或严肃地提醒学生。他的第三条班规是“吃午饭必须排队”。上午最后一节课下课后学生一窝蜂地涌向门口，却发现门被锁上了，克拉克趁机宣布第四条班规“我们大家一起排队去餐厅”。排队时胡里奥擅自跑到餐厅却吃了闭门羹，莎美卡插队克拉克让全班停留，迫于集体的舆论压力她不得不承认错误，并和胡里奥排到队尾，由此克拉克问大家第五条班规是什么，大家不约而同地回答“不许插队”。鉴于此，一旦针对某种情况制订出一条大多数学生认同的班规，就要坚决执行，让其具有极强的约束力。

表现出色的课堂调控能力。面对一群从未认真听过课的学生，克拉克老师使用了“苦肉计”，只要学生静静地听讲，每过15秒钟，他便喝一盒巧克力奶，直到喝吐为止……为了符合孩子们爱动的个性，为了激发孩子们的学习兴趣，克拉克老师还利用了说唱表演来教学，教室里热烈的气氛还吸引了其他班上的孩子……克拉克老师病倒后，在家休养期间还借来了DV录像，每天录制4个小时。看录像时孩子都没开小差，依照录像带里克拉克老师的指示认真地做着每一件事，这是一次近距离的、成功的远程教育。因而在课堂教学中，让以前没有认真听过讲的学生有兴趣听你的课，进而喜欢你的课，乃至一两天没能上你的课就感觉怅然若失，就是教师应该追求的目标。要改变“差班”，要在“问题生”面前树立威信，就得改进教学方法，能够出色地调控课堂，这既是一条“捷径”也是一条“必走之路”。

寻找机会融入学生群体。班上唯一想读书的班德利亚坐在楼梯上看书时，克拉克老师不失时机地表扬她“我到高中才看这本书呢”。下课了，女孩子们在玩跳绳，克拉克主动去参与并和她们说好做个交易，老师学会了最难的双跳（两根绳子交叉跳），她们就得跟老师学一些东西。然后克拉克不怕出丑、不怕失败，在孩子们的欢笑声中终于学会了双跳……教师在学生面前，除了具备教师的威严外，最好还能和学生做知心朋友，学生会更加“亲其师，信其道”，这对于的“问题生”的快速进步尤为重要。因此，教师要寻找机会，很巧妙而自然地与学生聊天、谈心、一起活动，让学生不知不觉地认定你是他们的朋友。

不要轻易处分学生。一般情况下，学生顶嘴、搞恶作剧等，克拉克老师要么化解要么忍让，表现出最大的耐心和宽容，他清醒地认识到这是学生一时的错误或者是习惯性错误，这些都是“有药可治”的。违反了班规也要等到3次以上才处罚。他始终都未承认“这些孩子是最烂的学生”，甚至因为毒品的事情校长召集有关人员讨论是否将米歇尔开除时，克拉克据理力争：“如果把他开除，他只能更深地陷入泥潭。”克拉克老师不说“没有教不好的学生”之类的伟大誓言，他却相信除非万不得已，处分学生是不能从根本上解决问题的。反观我们的做法，对所谓的屡教不改的学生、对所谓错误性质较严重的学生，我们特别希望借助学校处分的力量。而事实上，很少有学生能从处分中真正接受教育，学校处分加重了他们自大或自卑的心理，他们要么“破罐子破摔”，要么一蹶不振。鉴于此，我们应像克拉克老师那样，不要轻易处分学生。

做快乐成功的班主任

——读《班主任工作漫谈》有感

教师的教育水平也是在把难教的学生教好的过程中提高的。从这个意义上讲，后进学生帮助了咱们，帮咱们提高了教育水平。当然咱们也帮助学生提高了自我教育能力，所以咱们这个组织叫“互助组”。

后进生一直是老大难问题，很多教师都拿“后娘脸”对待他们，心想要不是他们，我的教学压力会如何轻、教学成绩将如何好。这样就一直把这些学生逼到自己的对立面，几个回合下来，师生关系越来越紧张、尴尬。转化后进生，转向哪里？化向哪里？我把你当朋友，你把我当朋友；我把你当助手，你站在我立场上思考问题，帮我解决问题，从而就提高了自己。最难教的学生都能教并且能教好，班主任就积累了丰富的教育教学经验，今后的工作自然非常顺利。

1979年，我开始搞“班级管理自动化”的实验，引导学生增强自我教育能力，引导班干部管理班级。我的好多事务性工作都由班干部去做了，学生很高兴，班集体凝聚力明显增强，纪律好起来，学习成绩提高也较快。

原来我们的班务也曾让班干部管理过，但不知是班干部的威信和能力一差些，还是教育管理理念不够先进，一旦和其他学生产生分歧，或者说觉得管不好了，班干部就把担子又压回来，最终我们也不敢完会放手了。这样，我们像个警察似的成天紧跟学生，让自己和学生都不敢有丝毫松懈，双方都苦不堪言，师生之间越来越缺少共同语言，“代沟”越来越深。魏书生认为，引导学生多学习、少批判，同学互学长处，长处越来越多，大家关系越来越融洽，班级就好管理了。这就对了，同学之间能够包容的缺点就尽量包容，指出别人的缺点和错误要用委婉的方法，并且善于学习，同学自然就相处融洽了，便于班干部轻松管理。若这时班主任再进行引导、总结等，就不会再像“苦行僧”一样觉得“苦海无边”了。

一部分青年人勇挑重担，抢着当班主任，抢着当比较乱的班的班主任，他便抢到了一个增长能力、锻炼自己、显示自己才干的舞台。

在学校里，一些班主任常常抱怨学生整体基础太差、素质太差，常常抱怨任课教师搭配不理想，常常抱怨家长对学生情况不闻不问。在他们看来，学生要是个个都聪明无比，个个都勤学好问，个个都是遵守纪律的楷模，那该多好啊。开学初，学校对学生进行分班的时候，尽管尽量按原则制度办事，但通常还是要弄得同年级几个班主任面红耳赤，好久都不开心，甚至质问学校领导公平、公正之心何在，让领导也尴尬不已，更别提让他们争着去当“乱班”“差班”的班主任了。正基于此，所以真正优秀的班主任确实也不多。我们多数班主任能把教“乱班”当作显示才干的舞台，在实践中探索出各种科学、合理、有效的教育方法，让“乱班”变成“好班”，这正是魏书生老师所积极提倡的，也是我们教育的一大幸事。

我才教了6年书，就被评为特级教师，确实使人嫉妒。我说：“要说对不起，是我对不起人家。”

一些年青班主任确实很有才华，做出了成绩，在学校会遭人嫉妒。比如，你在班主任工作方面、教育教学方面，公开发表了这么多论文，得了不少稿费，又有了一些名气。有的教师想，你把好事都揽完了，我们还剩下什么呢？你的专业能力远远超越了领导，领导心想我已驾驭不了你了，你还可能危及我地位，凭什么学校还给你奖励！干脆给你扣一个不务正业的帽子。面对这样的情况，弄得不好你就会在学校显得很孤立。对于这一切，你要学会无所谓，我不和你斗，我要节省时间继续干我的工作和事业。或者像魏书生老师那样，“是我对不起人家”。久而久之，当你的成就确实令人望尘莫及的时候，大家就会充分理解你了。

……

总之，魏书生老师启发了我们班主任，面对困难、面对挫折，我们不仅要迎难而上，而且要能换个角度往好的方面想、往好的方面做。这样才不会为那些烦恼、压力所羁绊，从而做一个快乐、成功的班主任。

为《低些，再低些》的教育意义把脉

一个孩子给远方打工的爸爸打电话："爸爸，我这次月考得了班级的第六名!"

小雨中，爸爸沾满泥灰的手拿着旧手机，开心极了："不错了，祝贺你啊，我不在家，你还考得这么好!"

"爸爸，我想在下一次考班级第一名!"女儿自信地说。

爸爸说："听了你的话，我心里有些不放心。"

孩子以为有更高的要求，不敢说话了。

"我不要你考第一名，哪个敢保证总会考第一名啊?"爸爸说，"你和妈妈什么时候也要我一年就要挣几万元钱了?"

"没有，只要你平安就好了。"孩子的眼睛立即有点模糊了。

"对啊。"爸爸笑了，"不要流眼泪，考多少分不要紧，只要你尽力了，哪怕考不好，爸爸也高兴!"

一个月后，孩子又打电话了，喊上了："爸爸，我这次考了全班第一名了!"

爸爸很平静："丫头有没有太用功了，影响身体啊?"

"没有啊，我连感冒都没有碰上。"女儿很自豪。

爸爸说："我回家过年给你买城里的孩子都有的MP3，奖励你，要不要?"

"爸爸，我不要MP3。"孩子拒绝了，"我没有兴趣听。有时间我要帮助妈妈做事的。"

爸爸又严肃地说："这次考了第一名，下次放松一点，以后不要考第一名，压力太大了。"

孩子说："我知道了，以后不会考第一名了。"

一年后的寒假前，爸爸接到了老师的电话："祝贺你啊，你的孩子考了全年级第三名！全年级有1000多个学生呢。"

"谢谢老师!"爸爸连声说，"孩子身体还好吧？没有为了考试拼命吧?"

老师很肯定地说："她身体很健康!"

“那我就放心了，谢谢老师！请您多提醒她注意锻炼身体，好在家照应她妈妈。”

今年9月，孩子在做瓦匠的爸爸陪同下，跨进了上海的一所国家重点大学的校门。上海就是她爸爸打工的城市。

这个爸爸做瓦匠前曾经有恐高症，他知道，脚手架搭得低，心里就特别踏实。

教育，偶尔也很简单。低些，再低些，是为了走得踏实。

家长读了这个教育故事也许会想：我平时对孩子的教育可不是这样呀，我总是叫他（她）认真读书、好好学习，争取考出最好的成绩。我还总跟孩子举例说某某考上了重点大学，现在工作可好了；某某是孩子的同班同学，如何如何，让孩子跟着学……教师读了这个教育故事也许会想：平时苦口婆心地教育学生要勤奋，“寸金难买寸光阴”，没有好的成绩就可能没有好的前途等，但还是有不少学生学习效果不理想，难道是对他们的要求过高了？今后该向故事中的那个瓦匠学习，对学生的要求“低些，再低些”。学生读了这个教育故事也许会想：瞧人家的父亲，多么体谅自己的孩子呀！要是所有的家长和老师都能这样对我们，那该多好！

这些想法都是我的猜测，实际上大家在读过这个故事后的想法可能千差万别，但最起码有一点，读后不会无动于衷。故事中的爸爸是一个瓦匠，是一个远离故乡到上海打工的人，按理说，他的文化知识和家庭教育艺术远不及很多家长，但他和天下所有的父母一样，深爱着自己的子女，他的教育观念也非常朴素和简单，却非常有效，最终让女儿跨进了上海的一所国家重点大学的校门。我们从中仿佛可以看到，这一对父女在跨进大学校门时脸上幸福的微笑，我们也可设想这个农村女孩的前途无限光明，而这一切都源于父亲的正确教育和女孩自身的努力……这些都是能打动读者、引起读者深思、生发无限感慨的重要因素。

然而，我在此要向大家泼一瓢冷水。对孩子的学习成绩和名次的要求“低些，再低些”未必能够推广，不要把它作为一把金钥匙去教育子女和学生。这只是一个个案而已，故事中的女孩之聪颖、懂事和心理之健康，恐怕没有几个孩子能比。如果是教师向学生宣布“低些，再低些”，学生当然会为之欢呼鼓掌，然后学习成绩可能真的会越来越低，学习效果可能会真的越来越差。如果是家长对子女作这样的要求，孩子就可能在学校和老师对着干了。

因此，这个故事最后说“教育，偶尔也很简单”，这句话必须要加上“偶尔”两个字，换句话说，孩子各方面情况跟故事中的女孩基本相同，那么“低些，再低些”的要求才行得通。大家还应该记得陶行知的“四颗糖”的教育故事，我们一些教师把它“复制”过来，然后“粘贴”，去教育自己班上犯错的学生，效果却不尽如人意甚至恰恰相反，所以我们要学的不是固定的教育方法而是教育思想或者教育智慧。

虽然故事中父亲的教育方法适合的范围并不广，但是他简单的教育方法背后却蕴含着深刻的教育思想，尽管他自己也可能没有完全意识到。首先是让孩子心理健康。他不让孩子的学习压力太大，当女儿自信地说下一次考班级第一名时，他却有些不放心。其实“第一名”和“前几名”又有多大区别呢？争不了“第一名”，没有“面子”，学习信心受到了打击，思想包袱就背上了。也就是说心理健康才是“第一位”的，这不仅适合成绩优秀的孩子，也适合成绩稍微差一些的孩子。就算学习成绩差一点，又有什么关系？“读大学”也并不是人生唯一的出路。其次是让孩子身体健康。看这位父亲，真正关心的除了孩子的心理健康外，就是身体健康了，对于孩子的成绩、名次他看得不是那么重要，因而在与孩子通电话时，总是问“有没有太用功了，影响身体啊”，在与老师通电话时关心的是“孩子身体还好吧，没有为了考试拼命吧”。

因此，我们从这个故事中得到的最大启示不是用“低些，再低些”的要求去教育孩子，而是“真爱孩子”就让孩子身心健康地成长。这才是教育最起码的也是最根本的要求。

看清“美丽的育人故事”背后的东西

有这样一个故事。一个学生转到新学校就读，在第一学期的期中考试中，数学只考了20分，老师给他订了一个增加20分的目标。第一学期期末考试时，他得了56分。老师在学期总结时，表扬这位学生，说他是本班期末考试考得最好的学生。全班学生很惊讶。老师说：“我给这位同学订的目标是增加20分，即考40分。结果他考了56分，比预期目标多了16分，完成计划的125%。”一时间，全班学生你看我我看你，都点头笑了。于是这位老师趁势提议全班鼓掌，向这位同学表示祝贺。因为是首次得到如此热烈的赞扬，这个学生激动得哭了。从此，他爱上了数学，高考时以数学满分的成绩考入了清华大学。

我最初读这个故事时，也被深深感动了，那位教师不但没有“以分数论英雄”，相反用赏识教育激励学生，保护了学生的自尊心，唤起了学生的学习兴趣，取得了最后的胜利。

后来，我仔细琢磨了一下，我该向这位优秀教师学些什么呢？我在教育教学中，也经常使用“表扬的艺术”，也曾给学生定过细致的、合理的目标，也经常和学生谈心，学生也隔三差五地被我感动过……对于后进生的转化，尽管我也很努力，但还是留下很多遗憾：他们当中有玩游戏纠正不过来的，有早恋不听教育的，有少数辍学的，有很多没能升入高中的……但他们长大后，很少有埋怨我的，因为他们知道在很大程度上这不是我的错，我教过他们做人的道理……可要让我列举一些考上重点大学的学生，我竟然一个也找不到！

对于这个故事，我禁不住要提几个疑问，既然考20分的学生能订目标，考60分、70分、80分、90分的学生为什么不可以订目标呢？他们的潜力未必比考20分的学生潜力小！这个学生进步了，但也不能忽视其他学生的进步啊！那位教师和那个学生姓甚名谁呀？可能他教的不少后进生考进了重点大学，其经验之丰富、策略之高妙，在教育界应该是屈指可数的。再就是结果，那个学生后来终于考人清华大学，这是中国最好的人学之一，教师的一个教育策略能换来如此丰硕的成果，简直就是一个教育神话。在教育生涯中，哪位教师没有几次得意的教育经历呢？如果都能达到这个效果，那清华的校园早已装不了这么多人了！这种结果很符合人们的胃口，就像剧本中的有情人通过种种磨难之后终成眷属、好人在遭受冤屈后终于遇到包青天、学子经历种种艰辛终于金榜题名一样，都是一个最完美的结局。

而且这个故事还引导我们，让学生考入清华或其他重点大学，是教师的骄傲也是教师教书育人的终极目标。如此看来，这个故事表面上不看重分数，骨子里却把分数看得非常重。

当然，我也更希望这只是一个特例而已，只是一种巧合罢了。

让那些虚构的“美丽的育人故事”止步吧！转化后进生需要用教师的智慧，但在这个过程中，教师的困惑和无奈应当被人理解。教师应通过媒介把真实的声音传达出来，让更多的学生家长、教育专家了解、关注后进生，形成教育合力。不单转化后进生如此，教育的方方面面均如此！让我们大家一起义不容辞地担负起这个使命！

请正确看待一些教育名句

其一，“没有教不好的学生”——不要断章取义。

“没有教不好的学生”这句名言，据说是教育家陈鹤琴最早提出的，然后被人们广泛运用。比如，某个教师费尽心力转化一个“差生”后，情绪激昂地发出这样的感慨；有一个被大家公认的不可救药的学生，经过某教师教育而走上了正途，某个领导知道了这件事，用这个典型来激励其他教师……这句名言还被人们广泛讨论，有人认为正确，有人认为错误，可谓“仁者见仁，智者见智”。

我认为，如果教师致力于某一个或少数的学生，幸运之神便会与之牵手了，然而客观情况是，教师面对的是一个学生群体，把爱心和精力全部倾注在极少数学生身上，势必造成对其他学生的不公平。从学生的学习成绩上看，有好就必然有相对不好的，这是很自然的现象，正如树上的果实有大也有小一样，想把世上所有果树的果子都培养成最大的、最好的，这怎么可能？

阿基米德说：“只要你找一个足够长的杠杆，我便能把地球撬起来。”从物理学的动力平衡理论上说是可行的，然而事实上到哪里去找这么长的杠杆？所以从现实来看这又办不到，至少在目前还办不到。政治老师曾叫我们坚定一个理想信念：共产主义社会一定会实现。那个社会的确非常美好：社会高度发达，人们各尽所能、按需分配。但这只是我们所追求的最高目标，不能说现在或不久后就能实现了。

所以说“没有教不好的学生”应该是教师的一个远大理想，一个最高的教育目标，可以用它来鼓励教师，但若把它从具体的教育情境之中抽出来，当作衡量教师教育教学水平的标准，那就是极其愚蠢而且有害的了，因为在教育教学实践中，无论哪一个教师都不敢对此作出保证。

其二，“一切为了孩子，为了一切孩子，为了孩子一切”——不要说大话。

作为家长，最初看到这个校训时，如果仔细分析一下，就会为之感动。“一切为了孩子”，可见学校领导和教师的奉献精神；“为了一切孩子”，说的是教育公平问题，学校将对所有的孩子一视同仁，哪怕是有问题的孩子也会“不抛弃、不放弃”；“为了孩子的一切”，意思是让孩子的身心健康成长，让孩子的素质和能力能够全面发展。把孩子送到这样的学校，家长能不放心么？然而当家长把孩子送进学校后，才发现学校在信誓旦旦的口号之下并不都名副其实。

“一切为了孩子”名不副实。有个孩子发觉自己的某个老师总爱讽刺、挖苦甚至责骂学生，他担心总有一天自己也会遭殃，于是他想转班。家长找到学校领导，说明此事，校长却不同意。家长说“不是一切为了孩子吗”，校长回复学校暂时还没有转班的制度。

“为了一切孩子”名不副实。在初中阶段，尤其是农村初中，辍学现象依然严重。有的孩子是因为生活和学习不快乐自动选择了退学；有的孩子是因为调皮和学习成绩差被教师直接地或间接地“撵”出了学校；更有不少孩子即使循规蹈矩，但却因学习成绩不够好而被老师冷淡，备受歧视，不愿意上学。

“为了孩子一切”名不副实。在学校，因缺乏体育锻炼的时间，不少孩子的体质很差，一次半个小时的晨会，往往就有几个学生晕倒；因教室环境问题和学习时间过长，学生眼睛近视的情况也越来越严重；因学生的负担重、压力大，加上青春期教育普遍缺失，一些学生的心理困惑得不到及时有效地解决，心理处于亚健康和不健康状态。

一些学校以之为“广告”，目的是招揽“顾客”，把生源抓到自己的学校后，“售后服务”的“质量意识”却远远达不到标准，难怪学校及其教师最容易成为人们攻击的对象。从很大程度上，这都是教育喜欢说空话、说大话惹的祸。

其三，“给学生一杯水，教师要有一桶水”——要与时俱进。

教师有“一桶水”就够了吗？要求教师具备的知识曾经有一个形象的说法，那就是“要给学生一杯水，教师要有一桶水”。教师之所以有资格当教师，有“一桶水”是必然的，然而不少教师就满足于自己的“一桶水”，自认为完全可以胜任教学了。有些教师不管时代的发展，不顾学生是处在发展中的人，在教书育人上“总是重复昨天的故事”，于是时常抱怨“现在的学生越来越不好管，现在的课越来越不好上”。殊不知，自己的这“一桶水”长期以来没有更新，早已是一桶“死水”了。

因而，教师只有主动提高自身各方面的素质，才能让自己的那桶水鲜活起来。这要求教师一方面多读书，读相关的教育教学报刊，读经典名著，读名师成长方面的书；一方面加强学习、交流和讨论，向身边的优秀教师学习，在网上知名的教育论坛和全国各地教师交流、切磋；一方面多写文章，写教育随笔，写读后感，写教学反思。

教师只有树立了终身学习的观念并行动起来，才能与时俱进、开拓创新，使自己的那桶水始终处于“活水”状态。如此，不但能给学生“一杯水”，而且还能让学生用“这杯水”引出更丰富的“水资源”。

为了学生走教育写作之路

教育叙事，即是叙述与教育有关的故事。教育叙事是教师叙述教育教学中真实情境的过程，其实质是一种通过述写教育故事体悟教育本质的研究方法。教育叙事不是为写故事而写故事，而是通过故事展开对教育现象的思索、对教育问题的研究。教育叙事是一个将客观的过程、真实的体验、主观的阐释有机融合的一种教育经验的积累过程。

杨宏权老师在《教育叙事，让教育研究回归生活世界》一文中指出，人本主义与科学主义两大哲学思潮的碰撞与分野有力地推动了20世纪哲学研究的重大转向——回归生活世界，它所带来的震撼力很快波及教育领域。正如胡塞尔强调的那样，“科学不应当把人的问题排除在外”。以质的研究为取向的叙事研究为教育所借鉴，并迅速走向繁盛。教育研究不再只是关注宏观理论层面，而是真正将探究的触角延伸到为人们所习以为常又熟视无睹的生活世界，教育叙事应运而生。

综观全国范围内比较有名的班主任，几乎没有不写教育故事的；反过来说，在名班主任未成名之前，往往是因为写教育故事，才推动了他们的班主任事业。以对待那些“问题生”为例，尤其是行为习惯和学习成绩都差的学生，一般来说，一个班都有一两个。在很多班主任看来，他们是最令人头疼、最令人讨厌的。然而，有的班主任却把他们当作一座金矿，把他们视为一笔宝贵的教育资源，让他们成为最鲜活的研究对象，于是，有了李镇西老师的《万同的故事》，有了杨聪老师的《插班生林可树》，有了李迪老师的《她不仅仅只叫“刺麻苔”》……这些故事是写出来的，这些故事更是智慧和心血的结晶。阅读之，我们会被其中的故事情节所吸引；阅读之，我们会深深地受到感动；阅读之，我们反思为什么自己的班主任工作如此平淡乏味？其实，也许有时我们自己教育也很精彩、也很感人、也很有意义、也令人难忘，只是我们忘记了去记录、去书写。写班级故事，不管是美好还是遗憾，不管是有趣还是平淡，都会留下自己的教育机智供我们发扬，留下自己的教育遗憾供我们剖析。同时，写的过程是一个思考的过程，写的过程也是一个成长的过程。我们从班级故事写起，还可以写教育案例，写教育杂感，写读书心得……只要写得舒心了，写得幸福了，写成习惯了，至少离最好的班主任就近一些了。

近几年来，我也喜欢写教育故事，不敢说成为什么有名的班主任，但是教育叙事确实能够对学生起到较大的教育作用。

教书10多年后，我才开始认真读读写写，没想到的是，我的一些文章居然发表在教育报刊上，而且越写越顺手，迄今为止，发表的文章已有300余篇。原想凭着读和写提升自己的专业素养，让自己具备优秀教师的一些素质，目的显然达到了。但更出乎我意料的是，写的过程对我的学生也产生了影响，有点自以为是地说：我越来越赢得他们的尊敬和喜爱。

我是一个善于写作的老师，这个消息班上的学生渐渐地都知道了。有一次，在学校传达室收到几本样刊，上课时间快到了，来不及把样刊放回办公室，我带着它们来到教室。讲完新课还剩几分钟，我让学生自由看书，要么复习要么预习。小玲举起了手，悄悄地对我说："老师，你又发表文章了吧，把你讲台上的，给我看看，行吗?""是一些教育教学方面的文章，你要看看也可以。"无意中，能多一些读者，我当然愿意。我走回讲台，把几本样刊递给了小玲，几本书很快被小玲周围的同学"瓜分"了。"快看，我找到了，这是符老师写的文章。"小玲把书向四周的同学晃了晃，惊喜而夸张地说道。"我要看!""我也要看!"……教室里顿时热闹起来了。"符老师，把你以前的文章也给我们看看嘛。"有学生提议，不少学生附和。在学生们的"强烈"要求下，我答应拿一节自习课给学生读我的文章。下课之后，我大致整理了适合学生阅读的60多篇文章，捆起来有厚厚的一摞，保证班上每个学生至少可以拿到一篇。学习委员和语文课代表两人一起提到教室，"真了不起啊，符老师，你的文章这么多!"语文课代表很会说话。那节自习课，学生交换阅读了我的一些文章，有当场称赞我的，有在日记中写到仰慕我的……后来还有很多学生家长经常为此夸赞我，我口里谦虚着，心里却美滋滋的。

我的学生是农村学生，和多数农村学生一样，怕写作文，写不好作文，对作文毫无兴趣。为此，我想到了教师"下水文"。教育家叶圣陶和人教社顾之川博士都曾鼓励教师写"下水文"，不少的名师也经常写"下水文"。我的写作功底较好，决心也来试一试。有一次作文要求写平凡而真实的事，写出自己的真情实感。“今天的作文，老师和你们一起写，到时一起交卷。”作文指导完毕，我向学生宣布。听了我的话，班上所有的学生惊讶不已：老师也当学生!？短暂的议论之后，教室显得格外安静，学生写得非常认真。我知道，他们一方面不想打扰我，一方面潜意识里想和我比一比。我丝毫不敢怠慢，如果首次“下水文”写砸，对学生的任何作文指导都将成为一句空话。一节课过去了，我工整而流畅地写出了1000多字的作文——《老师，给你雨伞》。这次作文，所有的学生也都按时完成了。下课后，小徐等一帮调皮的孩子故意来讲台上瞅我的作文，他兴奋而诡异地说：“老师，下节课我们想听听你写的作文。”很多学生随声附和。我爽快地答应了，把作文交给课代表，先让她熟悉一下，下节课由她来读。上课铃声一响，课代表大方地走上讲台：“现在，请同学们听我们的符老师写的范文——老师，给你雨伞。”课代表用熟练的普通话有感情地读着文章，学生专注地听着，不一会儿，念到“正在犹豫间，忽然后面传出一个声音：‘老师，给你雨伞。’我回头一看，原来是徐威”时，大家的目光齐刷刷地对准了小徐。小徐的脸一下子红了，眼中却充满了喜悦。这篇文章正是写突然下雨时，调皮的小徐同学送我雨伞的故事，从而我开始反思该如何正确对待后进生。课代表读完，大家给了热烈的掌声，这掌声不单是送给我的，更是送给小徐的。我依据这篇文章，具体地对这次作文作了评讲。

这次作文的学生评改效果很好，优秀作文比例比以前有了很大提高。从此，我有了多次写“下水文”的经历，学生的作文热情被激发出来了，作文水平也不断提高。我班李英的《我的同桌》、明雨芳的《平凡而美丽的家长》等作文相继在《作文指导报》等报刊上发表。

在我的教育写作中，相当一部分文章的素材来源于我所教的班和学生，如《面对特殊家庭》《让“多动症”的孩子快乐地成长》《如何纠正学生的“单相思”》《把微笑及时送给学生》《失败了也要表扬》《冒险去春游》等，学生一读就知道写的是我们班或班上的某位同学。如果学生知道自己表现好而被写进文章，表现往往会更好；反之，好些表现差的学生读到自己的事迹后，不但会反思，而且还会详细地了解老师的教育智慧和老师的苦心，从而促使自己改正缺点和错误，力争做一个合格的中学生。

有一次，在物理课上，两个学生不听讲，在下面写爱情诗，被物理老师逮了个正着，物理老师把这件事交给我处理。我没有责骂那两个学生，而是对其循循善诱，引导他们懂得了这样一个道理：写爱情诗抒发自己的感情可以，但要注意时间和方式，课余时间把它写在自己的私人日记本里，作为自己的秘密，留给自己欣赏……我把这件事写了一篇文章——《爱情诗事件》。10 多天后，这篇文章就发表了。再拿给那两个学生读，他们不好意思地笑了，班上再也没有出现过类似事件。

几次经历下来，一些较为调皮的学生经常说："不要做错事哟，小心，符老师把你写到文章里去，那将成为永不磨灭的证据。"相反，一些学生还在日记给我提出这样的要求："符老师，我现在表现比原来好多了，你能不能选个素材写写我，让我也露露脸……"我当然会回复他们一个笑脸，并答应在适当的时机会写写他们。

现在，我的心更加敞亮：教育写作这条路，我会坚定不移地走下去，为了我自己，也为了我的学生。

爱上教育写作

10多年前中师毕业时，我许下的宏愿是先拿自考文凭。几年后，一路“过关斩将”，从汉语言文学专科到本科，我奋力实现了这个梦想。然而这以后，我和周围的教师都过着同样的生活：教书、打牌、钓鱼……如果不是2006年我购置了电脑、学会了上网，我就一直以为这就是教师应该过的生活。

不经意间，在网上我进了一些教育论坛，尤其是“教育在线”论坛，我了解了“新教育——过一种幸福完整的教育生活”的理念。苏州大学朱永新教授在网上开办了“教育成功保险公司”，即教师如果坚持每天写教育随笔1000字，坚持10年写成3650篇，字数达365万字，如果不成为教育家的话，教师10年前如投保1万，他愿赔付100万。这让我非常震撼，同时也给了我有益的启示：拿到文凭怎能是理想的终结？

要写作就要善于观察和思考，要写作就要坚持，要写作就要多读书……这些道理其实很简单，但要实实在在做到就很不容易了，各人的经历和体悟肯定也有差异。但我认为大家共同的一点，就是最初要通过各种途径激发写作兴趣，一是可以在一些教育论坛建立写随笔的主题帖，那里有一大批志同道合的教师，可以互相鼓励；一是可以把写好的文章拿去投稿，让其中一些变成铅字，这样的成果最能激励自己，但是要经得起失败的考验。一般来讲，投稿半年左右方可见成效，之后会越写越顺手。

李镇西老师在很多场合都说过，他读书或是写作并不像人们想象那样需要多大毅力，把它们视做生活中的一种常态即可，正如有的人喜欢吸烟，有的人喜欢喝茶，这完全是一种爱好和习惯。

经过几年的教育写作实践，我深刻地领会了这段话的内涵。课前的教学设计有灵光一闪，课堂上有生成的精彩，教育学生的方法新颖而成功，听公开课有了触动，我都要试着把它们写下来。渐渐地这些也成了一种常态，哪天不读几页书，哪天不写点字，我心里就觉得很不畅快。

参加课题培训，不少教师说很枯燥，我却以为只要摆正自己的心态，积极认真地听讲和思考，培训专家讲的也能入耳入心。参加教学研讨会，很多教师说公开课只是“作秀”，跟常态课没有多大关系，听不听都是那么回事，我却不肯有丝毫松懈，作记录、观察师生、作批注，几乎把每一节公开课都整理成了课堂实录，从中吸取经验、反思不足，然后再写成一篇篇的文章。

有人说一些能“研”的教师不能“教”，教研与教学之间存在着很大矛盾，我却以为“研”能促“教”。自从爱上教育写作以来，我的课堂教学能力提高了，教学效果也很不错，更重要的是让学生收获得更多。除了掌握知识，我觉得我的学生更爱思考问题了，渐渐地也喜欢上了读书和写日记。我常常对学生说：“不管你今天考不考得上大学，不管你以后从事什么样的职业，我希望你们都能终生喜欢读书。”大多数学生至少表面上很认同我的观点。哪怕今后只有极少数学生能终生喜欢读书，对我来说也应该是一种安慰。

因为教育写作需要不断地反思和学习，所以教育写作愈深入，我教育观念变化更大。帮助贫困生，我不会在他们的心里留下阴影；教育“问题生”，我从不说他们将来没有出息之类的话；处理班级事务，我把民主落到实处；解决突发事件，我能运用教育机智进行冷处理。我把教育学生的经过写成了文章，不久就在某报刊上发表了，把文章拿给那个同学看，是真实的教育过程，很有诗意，他更加心悦诚服，以后没有再犯类似的错误。当然学生表现得好的、令人感动的方面我也写，很多学生都说“一不小心，就会被老师写到文章里去”，如此一来，谁不想在老师的文章中有一个良好的形象，这也算是一种另类的德育教育方式吧。

甭说本班的学生，我还任了其他班一些政治课，学期开学前几天政治书没到，我把一篇好文章读给学生听，整整一节课没读完，学生居然不让我出教室，他们说宁愿下课不休息也要听完。政治书到了以后，我结合内容给学生讲故事，讲了多读书、多写作的好处，学生听得津津有味，他们说从来没有听过这么精彩的政治课。下课后一些学生请求我借《读者》等书籍给他们看，能广泛传播一些阅读和写作的种子，我非常乐意。

爱上了教育写作，于我是一件幸事，这条路我会一直走下去，因为这条路让我体验到了如何过一种幸福完整的教育生活，而且这种感觉与日俱增。

家访心情札记

我参加工作至今10多年，一直当班主任，难免家访。我集合多次家访的历程，打开记忆深处的闸门，细细思量和品味，犹如打翻了五味瓶，酸甜苦辣麻，各种滋味都有，现把家访的心情摘录一些。

快乐篇。记得刚来偏僻的村小教书，接一个小学毕业班，班上只有20个学生。那一年，我家访了每一个学生。说得准确些，过节了、杀猪了、学生生日到了等，那些淳朴忠厚的家长便热情地邀请我到他们家里去。吃饭时，他们常常要敬我一点酒，谈谈学生情况，说一些感谢的话。和这些农民朋友在一起聊天，我心情格外舒畅。尤其是有一个星期日，我和几个学生在小河钓鱼，享受了钓鱼的乐趣、小河的宁静、大自然的风光，再到一个学生家里享受我们自己的劳动成果，我和学生都无拘无束，我高兴得就像一个孩子。那一年，经过大家的共同努力，班上20个学生全部考上了初中。

感动篇。教初中后，遇到一个学生早读经常迟到，她成绩很好，平常也沉默寡言。给她做了几次思想工作让她早到校，每次她都咬紧嘴唇不吭声，照例迟到，我不禁有些恼怒了，每次批评语气不由加重了。但结合她的一贯表现，我又有些疑惑，她不该是不听话的学生。一个双休日，我决定去家访，按照报名册上提供的地址，我边走边问，走了一个多小时，终于找到了她家。原来她的母亲患病，长期吃药且不能劳动。父亲在外打工，每月挣的钱只能够付母亲的医药费，其他开支，就全靠她自己养猪。她母亲含泪对我说："老师，都怪我这病害了孩子，她每天早上都是5点多钟起床煮饭、喂猪……忙完之后才急急忙忙地上学……她希望您不要在班上去说她的困难，她不想让别人同情可怜……"我这才恍然大悟，难怪她怎么都不说家庭情况。我极力稳定了情绪，平静地对她母亲说："您真有福气，有一个好女儿，她懂事、勤劳、好学，将来肯定有出息，我允许她到校迟一点。"这个学生的自强精神让我感动至今。

苦闷篇。近几年来，我家访的次数越来越少，学生出了问题请家长来校访倒不少。虽然很多次，家长都配合的我的工作，把学生狠狠地训斥一番，并给我赔了笑脸，请我严格管教孩子，但我总觉得这种方式效果不太理想。还有就是外出打工的家长越来越多，有时想去家访家长又不在，留守学生的心理健康和行为习惯得不到家长的教育支持。再加上“新读书无用论”又有所抬头，很多家长对孩子的学习都不够重视。我还记得有几次去动员学生上学，尽管我讲了很多道理、列举了不少事例，但还是不能说服家长。他们就认一个理，现在即使读了大学又怎么样，白花了几万元块钱不说，还不容易找到工作，找到了工作工资又不高，不如趁早去打工。就这样，在我的手里就有了好几个初中生辍学。因此，班主任应寻找时间和机会，主动积极地去家访了解学生情况，早点做好学生及其家长的思想工作，不要等学生问题出来了才想到家长。这些是新时期班主任工作重点之一。

“网络师徒”

——我和陈礼林老师的网络情缘

我是一名农村初中语文教师，有着自考本科文凭，教过五六个初中毕业班，每次期末考试或毕业考试成绩均能居片区中上游。由于条件的限制，我很难得到本地区一些专家或名师的指导，但自我感觉在教育一线已不愁饭吃，要发展却有瓶颈制约。

如果我不会上网，没有登陆某语文论坛，没有遇到江苏某中学的陈礼林老师，那么我或许一直在这种自我满足中生存着。

我与陈礼林老师素未谋面，我在四川，他在江苏，我们在论坛的认识和交往是从我发表的一个疑问帖子开始的。有一次，我在帖子上写道：“您是如何批改作文的？我教两个班的语文，作文批改占用了大量的时间和精力，但效果又不尽如人意，恳请各路高手指点一二。”第一个给我回复的就是陈礼林老师，给我最多回复的也是他。

在陈老师的指导下，我开始有所觉悟，试着把这个问题转化为网上课题来研究。于是，我查找一些资料，结合自己的理解填写课题申请表。陈老师主动担任了我的课题推荐人，他在推荐语中这样写道：“符礼科老师是一位农村中学的老师，我们在网上邂逅，我为他的不甘于平庸所感动，为他因为信息闭塞但仍通过网络拯救自己、顽强地进行专业发展而震动，被他的勤奋刻苦、善思肯钻打动……”对此，我曾惭愧得红了脸，内心惶恐不安。

陈老师还无私地给我的写作指明道路，毫不保留地把一些很实用的写作理论和经验传授于我，他指出：题目要响；正文内容的逻辑性要强，各个子题目要对称，而且要相互照应；引用内容要丰富，表达的思想要有自己的声音，要敢于说“我认为”；所提出的问题要相对集中，对读者有吸引力，解决方案对大家有启示；结尾要耐人寻味；通篇的表达语言要多用形容词、成语，以提升语言的表现力。这些对我非常有用，从 2006 年 9 月开始，一年左右的时间，我就有了四五十篇文章发表于各报刊。

对于我所取得的“成绩”，陈老师真诚而中肯地给我提出了一些建议，比如，要学会围绕某个问题写“系列文章”，这样日积月累，就形成自己的特色，也有利于了自己的专业成长。东一榔头西一棒，端着机枪到处扫射，这是开始写作时的必然姿态，稍有经验者，要显大沉稳，要写大智慧，要出硬成果，要学会超越自己……陈老师最后说：“我说得可能有些文不对题，我没有过多的时间把上面这些话包装得‘甜’一些，但我相信，你一定会理解我的心的。我会关注你、研究你，如有需要，会帮助你。让我们在网络家园里携手共进!”

为了把我的所学、所得、所想运用到现实的课堂中去，在语文教学中，从课前设计、课堂教学到课后反思，我倾注了大量的心血，学生也越来越喜欢我的课堂，并且爱上了语文、爱上了阅读，但新的困惑又随之而来了。2007 年下学期期末考试，我班学生语文平均成绩不但没有占到优势，而且被全班公认的几个“高手”还没考进“优生”的行列，我是不是又该回归到原来“多讲多练”的课堂?

陈老师为我解惑：“素质教育很精彩，但我们现在所处的时期应该是介于应试教育和素质教育之间的‘转型期’，也就是在这个形势下，单纯搞应试教育会被人骂，单纯搞素质教育会被人笑，最好‘两条腿走路’。你想返回老路固然不对，但以前能拿分的一些‘应试绝活’还是不应该丢的，但辅以新的探索，应能拿更多的分，祝你尽快度过‘转型期’。”

我想无论是谁，能遇到这样一位良师益友，都会从内心深处产生前进的巨大动力。到今天为止，我已在各教育报刊发表文章近两百篇，在 2008 年被评为了市级骨干教师，2009 年被评为县优秀教师……这些成绩的取得，与陈礼林老师的对我的指教密不可分!

在被不断灌水的网络中，我们会不会失去现实世界中的那份真诚?这是很难说清楚的事情。但至少我是幸运的，因为能与陈礼林老师相遇。虽然我们活跃的论坛于去年关闭，我们的交往比以前减少很多，但是，我相信，这两年多来，陈老师和我之间是真正意义上的“师徒结对”，无论从思想上还是行动上，他已经帮助我成长了起来。这段网络真情已成为我人生中一笔宝贵的精神财富，它给我动力，催我上进。

第六章 Chapter 6 扩视野

主题感悟

班主任应不断开阔视野

班主任同样是生活在社会中的人，要密切关注当前的教育热点和焦点。对现实中不断出现的教育现象，与其不闻不问，不如静下心来关注；与其抱怨，不如潜下心来分析，从而获知现象背后的本质，以此来开阔眼界、拓展视野和增长见识。现以近几年来媒体中的教育热点为例谈谈我的感受和理解。

《南方都市报》曾有一则报道：为了阻止5岁半的儿童违纪，教师用教鞭“自罚”。儿童何时见过大人自己打自己，更何况是老师自己打自己，而且下手还那么重、那么狠。据说此举让那个违纪的孩子流了泪，他究竟是被感动得流了泪还是被这种情景“吓哭”了？或者二者兼而有之？我们不得而知。不管是哪一种原因，都足以让这个孩子以及班上其他学生不敢再违纪。后来的事实也证明了这一点，看来教育的目的是达到了，但这种教育真的非常成功吗？一方面课堂上不讲话、不搞小动作就意味着一定是在认真听讲、认真学习，那心理学上说孩子的注意力容易分散该作何解释？一方面教师是孩子的榜样，教师的言行最易影响学生，孩子看到敬爱的老师“自罚”这么管用，会不自觉地“领会”这种解决问题的方式，而“自罚”一旦在他们心里生了根，说不定今后还能演变成理所当然的“自残”“自杀”。但还有人“短视”地看到“自罚”教育的短期效应，还打算将其推广，那岂不是把教育推向万劫不复的深渊。从“体罚”到“自罚”，两个极端让我们看到了教育的悲哀和无奈，这应该引起所有人的关注和深思，因为教育学生不仅仅是教师的责任，也是所有成年人的责任。

据相关报道，曾经有一个中学校长，3次跪在讲台上为学生上课，说是为了唤起学生的学习意识，甚至在早操课上对全校学生再次跪求。听说这位校长的态度是虔诚的，不像是在“作秀”，可见他对目前中学生的学习现状有很深的忧患意识，想找一种极有分量的教育方式来规劝和感染学生，于是他想到了借用“跪”这种国人“最隆重”的礼节方式。该校长或许会想：“同学们啊！我都向你们跪下了，难道你们还不理解我的一片苦心吗？”当然，学生怎么好意思对此无动于衷呢？该认真听讲，该遵守纪律，该好好学习。“中国人跪天跪地跪父母”“男儿膝下有黄金”……但我们且不说这位校长亵渎了中国人“跪”的尊严，也不说他丧失了教育者应有的尊严，单是问一问这种效果虽然能呈现一时，但能保持“一世”吗？当学生对教师的“跪”习以为常、无所畏惧的时候，我们又拿什么方式来教育学生呢？而事实上，后来有记者采访了该校初三某班一群男学生，问校长为什么会下跪，一名学生嬉皮笑脸地回答：“表演好呗！”其他学生哄堂大笑。更多人认为，这只是一件不常见的稀奇事而已，也有学生认为这是“丢脸”的事。由此可知，校长的下跪并没有收到他想的效果。

前不久，据《重庆商报》报道，为了带头履行班规，重庆市铁路中学一女老师因上课迟到，当着学生的面自罚100个下蹲险些晕倒。此事在师生中引发争议，有人认为，此举让学生感动，因为让学生明白了什么是诚信和责任；有人认为，老师给学生上了生动的一课；也有人认为，这个老师明知身体不行还硬撑着，完全是一个疯子；还有人认为，作为老师能够以身作则、以身示范，精神可嘉……但我在感动之余，心里总有一种说不出的滋味。

其实，教师能做到的事情，学生未必能做到，因为教师是成人，学生是未成年人；教师是教育者，学生是受教育者。连续下蹲多次教师都受不了，学生呢？就更难说了。

况且该班班规中的“如果谁迟到，男生做50个俯卧撑，女生做50个下蹲”的规定本不可取，很明显带有体罚性质，而体罚是国家相关规定明确禁止的。该女教师在做下蹲之前，一些学生理解她，劝她不用做了，该老师说：“忙，不是借口，打不到车，也不是借口，因为这个世界就这样，大家都只看结果。”“只看结果”这种思维方式也极其不当，很多时候“过程”比“结果”重要得多，尤其是学生的学习成长过程。错误的规定再加上错误的思维，自罚下蹲当然不可取。反之，如果罚下蹲可以，那么罚款更简单更有效，那么打骂也更直接更能震慑学生，都这样做，教育岂不乱了套？

综上所述，这些“自罚”只不过相当于给“危重病人”注射一支“强心剂”，虽然可以暂时缓解“病情”，但它终归是“治标不治本”。再者，那些学生虽然存在着这样那样的问题，但并未到病入膏肓、无可救药的境地。

那么，“自罚”一点都不可取吗？非也。请看《班主任兵法》的作者万玮的一次“自罚”。

一个晚自习，万老师到办公室回一个家长的电话，回到教师发现班上乱哄哄的，吵闹声很大。万老师非常生气，他思考了一下，然后对学生说，他很难过，不是因为学生，而是因为自己，他感觉这段时间他教育孩子很失败，他要惩罚自己，就决定在教室里站到8点半，反省自己的失误。万老师一直坚持站了1个小时后，累得腰酸背痛。这让学生很震撼，他们犯了错误，却让老师自罚，从此以后，他们上晚自习时非常安静。1个小时的站立，给所有学生上了刻骨铭心的一课。

万玮老师“自罚”教育成功是有前提条件的，一是他本身在学生心目中的威信较高，二是他和学生的关系比较融洽，三是他平时对学生的教育得法。如他常用生动的小故事教育学生，所以他的“反常”教育举措即自己坚持罚站才能够引起学生的共鸣。万老师很冷静也很理智，他是从一个父亲自罚教育儿子的故事得到启发的。这种自罚虽然出人意料，但是它有事实和理论依据作支撑。万老师很聪明，事后从不跟学生提那晚的罚站，但自修课上，学生想起那晚的情景便能提高自制力，或者不小心讲话也能很快受到别人的提醒。

即便如此，万玮老师的自罚也是一种“急中生智”，这种教育方式一般不可以多用，旁人更不能复制。因此，很多教师质疑，要是自己在自己所教的班上罚站未必能收到实效，说不定还要成为学生的笑柄。

还有一些优秀的教师无意或故意违规违纪，他们要么罚自己背一首长诗，要么罚自己讲一个故事或笑话，要么罚自己唱歌，要么罚自己写说明书（展示写作水平的），要么轻松幽默地“责备”或“体罚”自己，等等。

成功有效的自罚教育应该有这样一些特点：它是临时的、灵活的，不宜写进某种规定里；它的底线是不伤害教师的身体和学生的心灵；它是教育者教育智慧的体现；它不是为罚而罚，是向着真善美的、有利于学生改正缺点和错误的、有利于学生成长的方向。

因此，从某种意义上说，自罚是一把双刃剑，作为教育者，倘若你还不是“用剑”高手，那就慎用。

班主任可以充分利用网络、报刊等媒体，关注教育动态、分析教育新现象，不断地开阔视野、增长见识、与时俱新，在研究中不断成长。

工作艺术

警惕“教师皆祸害”

网络上有一份“父母最让你不能忍受的行为……”的问卷调查，网友列出的前三项分别是不擅长鼓励子女，常打击子女（包括贬低、嘲讽等）；经常拿别人家的孩子来“刺激”自己；永远将子女看成不懂事的孩子，认为自己总是正确的。而这三项，恰与网上“父母皆祸害”讨论的话题内容基本相符。

家长是孩子的第一任教师，家长和教师共同承担教育孩子的重任，对孩子都有“爱心”，都要求孩子主要任务是“搞好学习”。在这种“爱”的名义下，家长易犯的一系列错误，教师也同样易犯。因此，把前面的题目和内容置换一下，就成了“教师最让你不能忍受的行为……”，前三项可能也分别是不擅长鼓励学生，常打击学生（包括贬低、嘲讽等）；经常拿别的学生来“刺激”自己；永远将学生看成不懂事的孩子，认为自己总是正确的。如果一些学生联合起来，或许也能成立一个“教师皆祸害”网络讨论小组。在“教师皆祸害”讨论尚未出现时，我们当教师的应该抓紧时间，认真反思，转变观念，切实改进教育方式，让学生成为学校教育的真正受益者，让学校成为学生向往的地方，让教师成为学生喜爱而又尊敬的人。我曾经在《小读者》上读过一篇文章《老师，你知道学生的这 15 种需要吗》，文章道出了学生的心声。

老师，我希望您是一个有感情的人，而不仅是一架教书的机器。

上课时，我经常摆着一副严肃的、一本正经的面孔，微笑的时候少。课余时间也很少和学生在一起聊明星、谈足球，更不用说参加他们的一些课外活动了，我怕和他们打成一片会失掉师者的尊严，也隐隐感觉和学生之间有些隔膜。我争取以后能“亲近学生”并能“让学生亲近”。

老师，请您也把我当人看待，而不仅仅是您记分簿上的一个数字。

了解并熟悉学生的个性、兴趣、爱好和特长，这一点我基本上能够做到。不去打骂学生，我坚守了这条底线。考试排名靠后的学生，我从不宣布他们的成绩和名次。如果发现学生生活上有困难或者思想上有困惑，我一般都尽力帮助。

老师，请您不要单看我的成绩，更要看我所做的努力。

我很少拿学生学习成绩说事，不管学生成绩好坏，只要认真听讲、按时完成作业、遵守班规校纪，至少不会被批评。但对成绩差纪律也存在着较大问题的学生，我承认自己有时对他们批评过分了，甚至还影响了全班学生的情绪。

老师，请您经常给我一点鼓励，不要让您的要求超出了我的能力。

我有点急功近利的思想，特别是自己所带班总体成绩在全年级靠后时，就经常抱怨大家，说“大家不争气”之类的话。虽然针对的是全体，但也肯定给一些学生造成了伤害。那时，我已将表扬和鼓励一些有效的做法抛到九霄云外去了。

老师，不要勉强我把求学当作人生的最大乐趣；至少对我，学习不一定是最大的乐趣。

以前，也有学生对我说过类似的话，我却不理解，反而教育他“学生不学习干什么”“多学些知识总会对以后有好处”“要对得起自己的父母”等。后来，学生就再也不敢给我说这样的心里话了。现在看来，我的态度应该是“不赞成你这样做，但我理解你的想法”。

老师，不要期待我最喜欢您教的课；至少对我，别的课可能更加有趣。

作为教师应该这样想：你能够对别的课感兴趣，至少说明你还是一个爱学习的学生，这让我感到了欣慰；同时我也得注意改进教学方法了，以往的“照本宣科”和“大讲特讲”确实应该修正，让你和其他同学喜欢我的课是我的责任和义务。

老师，请辅助我学习自己思考、自己判断，而不仅仅局限在背诵答案。

背诵答案虽然是下策，但这也是以前考试获取高分的不二法门，我和其他很多老师都是走的这条路。现在的新课改使考试题目越来越灵活了，这招也渐渐不灵了。因此，我决定课堂上让你们多想一想，课后作业尽量从“方法”入手，培养你们的思维能力、创新能力和举一反三的能力。

老师，请您耐心地听听我所提出的问题。只有您肯听我，我才能向您学习去听别人。

我最担心的是学生不提问题，所谓“没有问题才是最大的问题”，所以我一定保持最大的耐心来听你提出的问题，不管问题是简单还是复杂，我保证不会对你冷嘲热讽，让你难堪。

老师，只要您保持公正，请您对我尽量严格。表面上即使反对严格，但是我知道，我需要您的严格要求。

对学生要求严格，绝大部分教师都能做到，包括我在内。而说到公正公平，我的确有一点私心，比如，在自习课上，如果是成绩好的学生讲话我就认为他是在和别人讨论，如果是平时表现不够好的学生讲话我就认为他又不用心了；同样一件事不同的学生做了，我的感觉就不一样。因而我必须调整好自己的心态，以客观事实为主要依据来判断。

老师，假如我犯了什么错误，尤其在大庭广众下，不要可怜我，可怜会使我自卑。

这点我确实也做得不够好，有的学生家庭条件差些，有的学生是单亲家庭……他们犯错误时我常提到这些，本意是引起他们的注意，从而好好改正错误，却不料这已伤害了他们的自尊，让他们的心理更加阴暗。今后我批评学生不但应注意场合，而且要平等地严格要求和批评教育学生。

老师，在教室内，不要把另一位同学当作我的表率，我可能因此而恨他也恨您。

这倒让我记起了一件事。小张和小李是邻居，小李爱学习，但小张总爱去网吧打游戏，我在教育小张时多次提到要他向小李学习，然后小李的笔和书常常不翼而飞，再后来小张还找人打了小李……事情虽然早已解决了，但现在我才明白根源是把小李当作小张的表率。

老师，我若有什么做得比较成功，也不要把我当作别人的榜样，因为那样会使我难堪。

某一方面做得成功应该得到肯定和表扬，不但学生如此，各行各业概莫能外。榜样教育是我们教师常用的方法，也是行之有效的方法，我会注意方式方法，讲究分寸。我所理解的“别人”指的是某一个人或少数人，而不是全体学生或多数人。

老师，请您记住，不久之前，您也是学生，您是否有时也会忘带东西？在班上您是否样样第一？

我当学生时也有很多缺点，也犯了一些错误，当然有时也会忘带东西，更不可能样样第一。我听懂了这些话，也就是教师不可只站在教师的角度来当教师，更应该站在学生的角度来当教师，只有这样，才有可能最大限度地理解学生、宽容学生。

老师，您也需要学习。您不学，我怎能从您那里学到更新的东西。

我原来以为学习只是拿到更高的文凭，就有“一桶水”来分给学生“一杯水”，后来经过了各种各样的途径，我终于明白“终身学习”的意义。近两年来，我读书、写作，不断地学习新的东西，学得越多越感觉自己浅薄无知，我已经走上了良性循环的学习之路。学生也这样要求我，看来我是走对了路。

老师，我心中也有对您的感激，但您不要期待我口头上常说：老师，谢谢您。

谢谢你对老师的尊重，埋藏在心里的感激才是真正的感激。反过来说，我对学生还做不到充分尊重，命令的多商量的少，直接批评的多委婉教育的少，专制的多民主的少……事实上，一个教师的成长完全是在学生的帮助下完成的。了解学生真正的需要，才能让我们走进学生的心灵，才能让我们深思和反省。因此，最后，再让我真诚地说一句：“同学，谢谢你！”

发挥学生评价的正面效应

——从班主任满意度调查说起

我曾经接手一个纪律和学习各方面都不错的班，但仔细研读他们原来的班规后，我发现，学生表现好，无非是在原来高压管理下的一种伪装。

原班规规定学生上课说话、不交作业等，会被罚款、罚站、罚跑、罚做清洁，甚至罚请家长……

学生畏惧班规，谁都不想交出零花钱，不想罚站出洋相，不想被请家长，所以个个老实，不敢越雷池半步。我当班主任之后，告诉学生这些班规中有很多是违背教育原则的，便废除了其中许多条。那时，学生欢呼雀跃，对我的满意率极高。

可开学没有几周，情况便有些不妙，学生有上课讲话的、有不做作业的、有迟到早退的……学生在日记和作文中，处处表现出对我的不满——“老师，现在班级太乱了，没办法学习。”“没有班规，班干部根本管不住同学。”

一时间，学生纷纷要求恢复原来的班规，认为我这个老师无能，对班级束手无策。我进行了很长一段时间的调整，班风班纪才好起来，我又获得了学生的支持。

由此可见，一个学生对班主任满不满意，并不能直接衡量班主任工作好坏。比如，在学生问卷调查中有一道题目是“你认为班级的纪律如何”，回答“良好”的学生所在班的班级纪律，也有层次高低之分。它有可能是因为班规中的高压政策而导致的，学生被迫遵守；有可能是因为班主任通过很多符合教育规律的引导形成的，学生主动遵守。

再比如，“本学期，班主任找你谈心有几次”，难道3次以上的谈心就表明班主任在思想教育方面做得很成功吗？谈很多次心学生未必有真正的触动。有的班主任和学生一次深入的谈心效果就非常理想，甚至让该生终身难忘。

设置了较具体的问题和答案的调查问卷尚且对班主任工作评价有“失真”之嫌，更何况有的学校调查更简单，就以学生不记名投票的形式，从满意、较满意、一般、不满意四个维度让学生任选一项打“√”。尽管这种评价的统计结果很精确，但往往不能反映现实。

普遍来看，对纪律严格要求的教师相对于“好好先生”的教师得分低，教主科的教师相对于教副科的教师得分低，班主任相对于任课教师的得分低。甚至有少数学生利用评价时机，恶意打击报复班主任，极大地挫伤了部分班主任工作的热情，助长了歪风邪气。

基于此，如何让学生评价班主任发挥其最大的正面效应呢？学校不妨对问卷调查进行一些改革。

首先，评价不要与班主任的奖金、评优和晋级等直接挂钩，而是把班主任不断的成长进步作为基点。也就是说，要让学生明确一个道理，实事求是的评价才会让自己的班主任更优秀，班主任优秀了，对学生自己的成长才更有利。

拿具体操作过程来说，学生对班主任满不满意，可以从班主任的工作纪律、师德表现和课堂教学等方面进行描述性评价，采用提建议和意见、说理由以及讲故事等方式书面呈现。

学校掌握班主任的满意率情况后，供学校内部交流。更重要的是，要从这种非量化、非定性的评价中提取信息，对班主任好的方面，利用教师会议、学生集会和学校的黑板报、广播站积极宣传，并可以在主题演讲、诗歌朗诵等大型活动中穿插优秀班主任的感人事迹，目的是发扬“好”的精神，促进其“好上加好”。

至于在学生评价中发现的班主任的缺点和不足，学校不宜采用批判的态度，而应该唤醒教师的成长意识。一般来说，班主任会接受意见并会积极改正缺点和错误。

让学生评教更真实有效

以前对教师的评价往往采用学校评价模式，这种模式的评价主体过于单一，不能全面反映教师的情况。因此，学生评教作为一种新兴的评价方式，在许多学校开展起来。然而，在实际的操作过程中，一些学校把学生评教形式化、简单化、肤浅化，不但没有客观地评价教师的教学质量，反而打击了部分教师的教学热情，造成师生关系紧张，与学生评教的初衷相距甚远。那么，学生评教应注意哪些问题呢?

首先，学生评教应以“德”“能”“勤”为主要评价内容。学生与教师相处时间较多，对师德最有发言权。对教师有没有体罚或变相体罚学生、有没有乱收费或罚款、是否真正做到了关爱学生，学生是最清楚的。再说“能”，教师是“满堂灌”还是改革了课堂教学模式，是把学生当作接受知识的容器还是发挥了学生的主观能动作用，学生运用知识解决实际问题的能力有没有提高，均可以让学生来评价。最后说“勤”，只需学生在平时做好记录，便可知教师有没有迟到、早退、旷工等现象。

其次，学生评教应以描述性评价为主。由于学生的身心还不成熟，评价教师时容易出现“失真”的情况。为了让评价公平公正，我们不妨采用描述性评价。描述性评价是指评价教师时，学生根据自己亲身经历的事作出判断，得出结论。如当学生认为某教师的教学水平高时，可让学生具体说出教师是如何教的、同学们是如何学的、自己有什么样的感受等。总之，通过描述具体的事实得出的评价才更令人信服。

再次，学生评教要以评价活动作为支撑。以活动为载体，能充分发挥学生评教的优势。学校可组织一系列的活动，如“我写我师”的写作比赛、“我最喜欢的教师”的选举活动、“崇高的师德”的演讲比赛等。随着各种活动的开展，促使评价发生以下的转变：由重结果变为重过程，使评价更加真实，更有说服力；由重直谏变为重委婉，让教师欣然接受学生的意见。

不要轻易向家长告状

张女士的儿子刚升入上海市某教学质量较好的一所初中读书，全家人为此很开心。开学前一周，30多岁的班主任第一次家访时便自我介绍："我是学校里比较严厉的老师之一，学生都比较怕我。"开学第一周，张女士正在单位开会，突然接到班主任的一个电话："全班学生都包了新书，只有你儿子一个人没有包书，您知道吗？"张女士立即解释说："孩子请我帮忙了，我在家一时没有找到包书的纸，准备今天去买书套。这件事我一时疏忽了，请老师原谅。"说明情况后，张女士立即得到老师的理解，这也让她放心了很多。

后来的一些日子，张女士经常接到班主任的告状电话："孩子上课注意力不集中，经常跟周围学生讲话。""你儿子今天语文作业的抄写课文没有做，家长在家有没有检查作业？""孩子月考成绩下降了，家长是不是很少督促孩子的学习？"……

从此以后，班主任一发现孩子出现什么不遵守纪律、作业未及时完成等问题，就会当着孩子的面拨打家长手机告状。为了不再出现这一尴尬场景，学生家长张女士为儿子办理了转学手续。

教师经常给家长打"举报"电话，不禁让我想起了以前家访的告状，只不过以前家访的次数毕竟要少得多，向家长告状没有现在这么方便。而告状式的家访危害众所周知：一是孩子极有可能"破罐子罐摔"，二是让家长产生不愉快甚至抵触的情绪。

案例中那位教师不可能素质低得连这个道理都不懂。那位教师自称严厉，对学生要求可能比较高，眼里容不得学生犯一点点错。那个学生可能自制力稍差一点，教师教育他，他改正了这个缺点又犯了那个错误。教师认为"说服"教育对这个学生起的作用不大，加上现在惩罚学生的尺度不好把握，弄不好就会被认为是"体罚"。于是，教师干脆就把教育责任直接交给家长，"只要你一有不良表现，我就打电话告诉你家长，改不改随便你"。这样，教师把这个学生教育问题就直接转移到家长身上，家长对此不堪忍受，就想到了转学，让孩子到新的教育环境下学习。

频频利用电话告状的做法当然不可取，该教师只是借助家长的力量，获得了“赶走学生”的成功，而没有取得“转化教育”的成功。若把这种“成功”继续发扬光大，就很可能还有更多的学生被撵走。如此恶性循环，后果不堪设想。

我曾在农村中学担任班主任多年，班上的留守儿童较多，所以用电话和家长合作交流的时间较多，积累了一些经验。

一是不定期地单独与家长交流（当然时间不安排在上班时间）。这包括主动给家长打电话，告诉家长学生近一段时间在校的情况，并提示教育方法，让其双休日打电话回家时与孩子的通话有针对性、有实质内容，从而提高教育孩子的“质量”。

二是有时让学生在旁边“监听”，并让学生也和父母聊一聊。起初，学生有些担心和紧张，害怕我告状，后来大家都知道老师对他们的表扬居多，还能享受亲情，便非常乐意地接受了这种家校联系的方式。后来的表现也特别好，有的学生甚至“以此为荣”，居然问我：“老师，该轮到我了吧?”

三是如果学生有较严重的违纪违规现象，我一般不会马上向家长反映，而是把事情处理好，把学生的思想工作做通后，才说：“来吧，向你父母作个保证!”之后学生改正得比较快。这样一来，家长发来的短信也较多，我看过之后就与孩子“分享”。另外，家长的希望、要求等也是和学生单独谈心的好题材。

当然，如果教师和家长都有上网的条件，只要善于利用，班级博客、校园网、QQ和邮箱等都是家校沟通很好的平台，它们和电话一样，都可以成为家校沟通的“连心桥”。

学生就是最宝贵的资源

美国的西点军校曾给毕业生设置了这样一个考题：在空旷地带挖一个深洞，里面安置一个高4米、直径为2米的金属圆桶，其内壁光滑无比。受训之人被放进这个圆桶，不得携带任何工具，给他一夜的时间从里面走出来。如果受试者不能通过这项考核，不仅考试成绩按零分算，还将会无一例外地受到处罚——人从洞上面抛泥土，将受训人埋至半腰深。

想徒手走出这个圆桶，基本上是不可能的事。事实确实如此，自从这个测试开始以来，几乎所有的毕业生都得零分，都受到泥土抛洒至半腰深的惩罚。

直到麦克阿瑟出现，才终结了这个无人打破的记录。

虽然麦克阿瑟很聪明，喜欢思考，但他同样在圆桶里呆了整整一夜，没有想出好办法。他同样要接受泥土抛洒的惩罚。

直到泥土抛洒下来，他才想到办法。他左右闪动身体，并迅速地把那些泥土踏在脚下，泥土在他的精心堆积下形成了越来越高的土堆。最后，他踩着土堆双手搭在圆桶的边沿，成功脱困，最后获得了满分。

有教师在闲聊时诉苦："起得比鸡还早，睡得比猫头鹰还晚，责任比主席还大，吃得比猪还差，催作业比黄世仁还狠，态度比孙子还好，名声比汉奸还差，赚得比民工还少。"这种说法虽然不完全恰当，但它在一定程度上表明教师的处境，教师也处在一个无形的圆桶内。

因此，我们常听到老师的抱怨声，有时抱怨的话题一打开，就合不上闸。比如，抱怨学生千里马太少，一届不如一届；全班学生上课死气沉沉，一问三不知；个别学生作业乱写乱画，甚至抄都抄不对；一个问题讲了数十遍，再三强调，还是要出错；上课看见某学生就影响心情，他除了读书不中用，其他样样在行……

然而就在我们的抱怨声中，有老师说"只要给我一个班，我就满足了"；就在我们的抱怨声中，有老师用3年的时间专门为一个"问题生"写了厚厚的一本书；就在我们的抱怨声中，有老师研究课堂，常写案例、实录、教学设计，甚至还自选自编了教材……他们从普通的一线教师成长为了全国名师。

这些名师能够成长起来，能够取得教育事业的成功，是因为他们和麦克阿瑟一样善于思考，善于借助最平常的资源。麦克阿瑟能够借助的仅有“泥土”，教书育人的对象有且仅有学生，成功的教师善于借助学生，也只有借助学生才能走向成功。“泥土”最后作为惩罚的方式出现，麦克阿瑟以前的毕业生没有很好地利用它，这还情有可原；而我们教师天天和学生打交道，最好的资源就在眼前，但却不能很好地利用，这可就有点说不过去了。

就拿“差生”来说，他们真的那么可怕、可恼、可恨吗？有这样一个“差生”，每次单元测验难以超过 20 分，调皮捣蛋对他来说早已习以为常，打架骂人是家常便饭，甚至偷东西、早恋也少不了他的身影……这个“差生”不是一般的差吧！他叫万同，李镇西老师的一名学生。李老师在转化万同的同时还写了教育手记，这段教育故事被《四川教育》连载，引起了很大的反响。更重要的是，李老师认为这些文字对自己而言是“一笔无与伦比的教育财富”，李老师把转化“差生”当作了最好的教育科研。

因此，尽管各种各样的压力让我们教师置身于一个无形的圆桶内，但我们却拥有最宝贵的学生资源，只要我们认识到这一点并善于运用自己的教育智慧，就一定能够像麦克阿瑟那样走出圆桶，交上一份满意的答卷！

校长争当班主任的新鲜事

2008年暑假，李镇西在教育在线“班主任论坛”发表的一个新贴——“新班主任的第一次”。我打开一看，李镇西校长居然预告：“下学期，我要当班主任了，而且可能是毕业班的。不光是我要当班主任，我已经要求学校所有中层以上干部都必须当班主任！他们已经答应了！”而且他的第一句话是“先告诉大家一个好消息”。

众所周知，在一线教师中，班主任工作是最苦最累的。除了8小时的工作时间外，早、中、晚还得清点学生人数，维持纪律，造成身体上的劳累；现在的学生越来越有个性，也越来越难管，当学生出现了各方面的问题时，班主任还得掌握准确教育的尺度，尤其是惩罚的尺度，轻了达不到效果，重了又有“体罚”之嫌，造成心理上的劳累。至于那点班主任津贴，我多次听到老师们算账，“只要多活一两年，所拿的工资比当一辈子的班主任的津贴要多得多”。

因此，很多学校绝大多数教师不愿当班主任。开学初，一个年轻女教师听说要当班主任了（她曾代理过两个月的班主任，感受过班主任工作的苦和累），竟然当场急得哭了起来。直到第二天校长宣布的班主任名单中没有她的名字，她才长吁了一口气，脸上才绽放出阳光般的笑容。还有一个教师为了辞去班主任工作，在假期宴请了学校的所有领导，校长答复可以考虑，可在开学后，这个教师没能如愿。学校的理由是“其他教师都不愿接任，确实找不到更适合的人选”。一个中年教师经过几年的“抗争”，终于摆脱了班主任工作，同事们竟然纷纷祝贺他，他也笑逐颜开：“苦行僧的日子熬到头了！”

李镇西当过多年的班主任，其中的苦累他应该是有深刻体会的。况且李老师是当今教育界的“名人”，他除了和其他校长一样要负责本校的工作外，肯定还要应付各种社会事务。他这么忙还要“屈尊”去当这个费力不一定讨好的班主任，看来好像是不可思议的。我们看到过一些演员和运动员“明星”，他们在事业如日中天时选择了急流勇退，为的是要保住这“辉煌的成绩”。大家都知道，李镇西老师当班主任时也取得过骄人的成绩，并出版了多部相关著作，现在他又放下校长的“官架”而“重操旧业”，万一“辉煌”不在，岂不是得不偿失么？但他说自己又当班主任是一个“好消息”，可见他内心是喜悦的，其决定是经过了深思熟虑的，并且他还带领自己的管理团队一起来当班主任，我们可以预见成都市武侯实验中学的美好的未来。

校长担任班主任，应该有一些好处。一是能够更“亲密”地接触学生，了解学生真实的思想状况和学习情况，便于获取第一手资料，能更好地研究学生和管理学生。二是能够和教师的关系更“密切”，使双方交流的话题更宽广、更实在，这样学校就不会再出现校长只在台上对教师“指手画脚”的现象，干群关系将会更加和谐。三是能激发更多的教师争当班主任。班主任工作虽然相对来说很苦很累，但它为有远大理想的教师提供了一个很好的发展平台，收获的机会比其他教师多得多。只要爱教育事业，只要爱学生，只要能积累经验和发挥教育智慧，谁说班主任工作不可以其乐无穷呢？

李镇西校长争当班主任，也为校长的专业成长指明了一个前进的方向。多数校长是从优秀教师走向领导岗位的，可是以前优秀不代表现在还是优秀，一些校长一心只想“当好官”，已不愿意再教书，离“课堂”和“学生”越来越远，离教师这个专业越来越远，将来即使“下课”了也只想教点副科，等待退休。这样的校长难以有大作为。当校长，应向李镇西校长学习，要有勇气并要有实力向全校教师传达一个信息：从学识专业各方面看，在任何时候我都不愧为“是你们的领头雁”。李镇西校长此举也成了“一个好校长首先必须是一个好教师”最好注脚。

浙江省教科院普教所王健敏所长曾在《中国教育报》上发出呼吁：“让更多校长走进教育家的殿堂。”李镇西校长“争当班主任”的做法能给校长们一些有益的启示。

说说春游的好处

中国青少年研究中心副主任孙云晓说："剥夺了孩子的春游，就等于剥夺了他们心中的春天。"因此，我们呼吁：请把"春天"还给孩子！

学生春游不同于家庭外出旅游，也不同于几个要好的学生一起到野外游玩，它是一种有目的、有组织、有计划的集体活动，是校园内学习生活有益的延续和补充。具体来说，学生春游至少有如下一些好处：

第一，提高学生的生活能力。春游活动时间一般为一天，在沿途和目的地欣赏了大自然的景色后，往往会进行一次野炊。从材料的选择、搭灶、生火、做饭、炒菜到最后的洗碗，孩子们会感觉到有趣并乐于参与。这种生活经历不但会让他们津津乐道，而且也锻炼了他们的自理能力。参加完春游，有些孩子不再讨厌做饭，甚至喜欢上了厨房，这比那些所谓的感恩作业、生活技能考核要实在、自然、有效得多。

第二，展示学生各方面的特长。在春游的过程中，孩子们会自然而然地唱歌、跳舞。有些孩子还会带上笛子、二胡、电子琴之类的乐器，在大家休息时展示自己的"绝技"；还有些孩子准备笑话、故事，到时讲给大家听；还有的会朗诵诗歌、表演小品等。以大自然为舞台，以春天的绿色为背景，孩子们将把自己的才艺展现得淋漓尽致。

第三，增加师生之间的情谊。在平时，孩子们看到的大多是老师严肃的一面，有的孩子可能和老师还有一点小小的误会。春游时，学生能看到老师和蔼、亲切的一面，老师对学生一个友好的微笑、一个关爱的眼神，便能使双方前嫌尽释。同学之间也是如此，曾经的小吵小闹、曾经的不友好，经过双方互相合作、沟通，都烟消云散了，孩子们会更加珍惜同学情谊。春游也有利于那些性格内向、孤僻的学生融入集体这个大家庭。

第四，减轻学生的学习压力。春游不必布置什么作文之类的学习任务，要让学生完会放松，尽情地走进大自然，走进春天。春天美丽的景色会让学生体验到生活的美好，他们的心胸必将为之开阔，心情必将为之愉悦。学生从中会自然地感悟到：只有善于调节心情、善于休息、善于享受生活，才能善于学习和工作。

但是，春游前班主任要做好准备工作。

首先要获得各方的支持。一是请示上级领导，包括校长、教育局负责领导，得到他们的批准；二是得到学校家长委员会的支持，到时请他们派代表参加；三是要邀请任课教师参加，尽量把每个学生的安全责任落实到各教师身上；四是争取得到社会的帮助，如联系性能安全可靠的客车等。只有这样，到时万一出现紧急情况，班主任才不会孤立无援、束手无策，能立即得到各方支援。

其次，要上好安全教育课。班主任要教育学生春游时服从安排、听从指挥，要保证经常出现在老师的视野范围内，遇到问题要及时向老师报告；危险的地段不能去，不可玩火，不可疯跑。必须让学生树立安全意识，并教给学生一些安全自救知识，让学生保持清醒的头脑，不能在春游中因欣喜而忘乎所以。

其次要拟定好春游线路。春游是一项有组织、有计划的学生活动，不是让学生想到哪里玩就到哪里玩，要根据大家的建议选择的春游的景点。选择景点不宜太远、不宜太多，否则一天的时间学生都在奔忙中。我们既要让学生通过春游感受到春天的美丽、春天的生机勃勃，又要让学生在大自然的怀抱中陶冶情操、开阔眼界、受到教育。

最后，还要预设好活动、节目。如野炊，学生应分组各自准备好油盐柴米菜，不能因缺少什么物品而使学生难以领略野炊的乐趣。如表演节目，提前准备好故事、小品、歌曲等节目，不能因到时冷场而扫大家的兴。到景点游览参观时，提醒学生注意多收集一些资料，多观察和感受优美景物，为返校后写春游的见闻或心得体会打好基础。

家校合作应走和谐之路

教师让家长在学生的家庭作业上签字，主要目的是保证学生能按时、按质完成家庭作业。这种方法简单却非常有效，因为家长要签字，总得负责任，如果学生没能完成作业或者说完成得不好，那么家长难辞其咎，以后孩子学习上的问题多半就是由家长造成的，与教师就没有多大关系了。这也省去了教师的许多麻烦，教师不必细致地检查家庭作业，也不必担心家庭作业的多少、深浅，只管布置就行了，只看看有没有家长的大名即可。

但是“简单”往往不能顾及全面，教育的问题岂是一个“简单”的问题？教师“请”学生家长在作业本上签字，这种“请”根本就不是一种礼貌的行为，甚至没有一点商量的余地，说到底就是“命令”：你的孩子在我这里读书，孩子必须听我的，家长也必须听我的，否则，后果家长自己自负。在这里，教师根本就没有考虑到家长的处境和感受，比如，有的家长工作很忙，有的家长文化程度不高，有的家长在外地工作，等等。不少家长为给孩子的作业签字而无奈、而担心、而发愁。在这里，教师也表现出对学生的不信任，认为学生走出了校园回到家里就失去了自控能力，就不能养成良好的学习习惯，只有在大人的“监视”之下，才能完成学习任务。

对学生的教育而言，谁都知道，学校教育和家庭教育的配合必不可少，而且这两条教育途径应该是并重、并行的，它们的配合也应该是自然的、和谐的。换言之，家长应该主动、自觉、积极、愉快地和教师合作，教育学生才能取得成效。但是，教师通过让家长签字等行为，有意或无意地把自己置于强势地位，把家长置于弱势地位，让家长“听命”于自己。这种合作虽然也完成了家校合作，可是家长是被动的、消极的、无奈的，甚至是痛苦的，家校合作也就失去了它本该有的意义。

因此，教师要相信学生、相信家长，要多从自身的主观因素去考虑家庭作业等问题，比如，布置的家庭作业尽量“新”“精”“准”，要充分征求学生及家长的意见，认真收集反馈信息并不断改进，从而让家庭作业既能巩固学习的知识、提高学习的效果，又不至于增加学生的学习负担。

当然，确实有少数学生经常不按时、按质完成家庭作业，教师可以和他们的家长进行沟通，在以后一段时间内让个别家长签字监督，直到该生养成自主完成家庭作业的习惯为止。

不宜直接任命“问题学生”当班干部

班主任直接任命“问题学生”当班干部是一种常见的管理手段：你不讲卫生，我就让你检查班级卫生；你不守纪律，我就让你监督班级纪律；你不爱学习，我就让你督促他人学习……你也是班级中的一员，要想制约、检查和督促别人，你首先得管好自己，以身作则。“问题学生”得到了班主任的信任，当上了班干部，手中有了“大权”，他们顿时有了热情有了动力；再加上他们性格中有“重义气”“讲信用”等优点，管理时很有可能有一整套“江湖手段”。因此，在他们“上任”的最初一段时间，班主任也许会欣喜地发现，确实有一定的效果，这表现在他们本身有较大的改变，在纪律、学习各方面都有进步。

然而，和其他学生相比，“问题学生”在思想、心理、行为、学习等方面还是对常态有所偏离。这种“偏离”已经成为他们的习惯，相对来说，它具有较强的稳定性，所以要纠正这种“偏离”，使他们回到“常态”，并非一朝一夕之功，并非采用“非常”之手段就能奏效。过了最初这段时间，他们的种种不良习气就可能暴露出来，班级各方面的问题会愈来愈严重。“问题学生”的转化，仍需要班主任的耐心和等待。

李镇西老师转化“问题学生”万同，曾让万同担任卫生委员。万同为了把班上的卫生搞好，来得最早走得最晚，并且还一度让班级卫生分在全校最高，夺得了卫生流动红旗。然而在正式班干部选举时，万同因为其他方面表现差而落选，他马上就恢复了平时的痞子气：“有什么了不起，老子本来就不想当这个干部……”万同后来还曾经当了学校“纠察队”队长，可是他却利用职权报复一位“教训”过他的教师，把人家的办公桌弄得乱七八糟……万同最终能作为“国旗下的讲演者”，绝不是主要因为当了班干部，相反，李老师让万同尝试当“干部”，深深明白了这一招对于转化他并不管用。

梁卫星老师笔下的“问题学生”樊强（高中生），他争取当班长的目的是为了获得“优秀学生干部”的称号，为今后自己能当村长作铺垫。他管理班级有一整套的自己的措施，如罚款、告状、以暴制暴、收集材料整人……老师意识到问题的严重性后，果断决定撤销他的班长职务，樊强居然使用各种手段让袁老师不再担任该班班主任，之后他继续当了班长，把班级管理得“有声有色”。但是几年后，樊强却当上了黑社会老大……

当然，“问题学生”毕竟也是学生，作为学生，都有上进心，都有表现好的想法。一般来说，“问题学生”的“问题”也并不是无药可救的，因而他们想当班干部的愿望也是无可非议的。但是，我们教育者应该明确，是因为他们在思想和行为上实实在在地表现好了，所以才可以当班干部；而不是因为他们当上了班干部，所以在各方面的表现就好了。

因此，“问题学生”不妨先当“临时班干部”或者“班干部助理”，实习班干部工作，尝试学习管理班级；老师也可以先和“问题学生”达成某种协议，使其拿出实际行动证明通过自己的努力改正缺点并发挥组织才干……这些过程其实就是对“问题学生”的教育和他们自我教育过程，即转化过程。如此，他们就能和其他学生一样有被选举的资格，然后通过民主选举，成为真正的班干部。

谈一谈留守学生的优势

我在一所乡镇初中担任多年的班主任，对留守学生接触较多，了解得也较多。其实他们和父母在家的学生一样，既有各方面表现得好的，也有各方面表现欠佳的。作为教育者，不能仅仅只是戴着“同情”或“可怜”的眼镜去看他们，因为他们有自己的优势。

第一，留守学生在班级里身居“要职”的占大多数。

我校17个班级，有13个班长是留守学生，约占75％；我班民主选举的8个班干部，有7个是留守学生，占87.5％。从学习成绩看，各个班的“尖子生”也大多是留守学生。这些学生成为班级中的“核心人物”，成了班级中的“中流砥柱”，能够起示范作用，在教师的指导下，带领着班集体积极向上地前进。

第二，留守学生具有一些良好的品质。

正因为父母长期在外打工，劳动强度大，工资不高，他们就更懂得父母挣钱的辛苦。父母的故事让他们对“知识改变命运”这句话有更深刻的理解，因而在学习上不敢有丝毫懈怠，在生活中花钱从来不大手大脚。他们还乐意把老师当作朋友、当作亲人，非常信赖老师，有开心的事说出来和老师分享，有不高兴的事对老师倾诉。他们更愿意把班集体当作自己的家，与同学相处很融洽，谁有困难了，他们帮助；谁欺负弱小了，他们反对；谁有困惑了，他们解决。总的来说，留守学生比那些被父母“溺爱”的学生更有理想、正义感、同情心，更懂事、坚强、尊敬老师。

第三，留守学生更珍惜亲情。

能在电话里听到远在他乡的父母的声音，感受亲人的关怀，留守学生往往激动得热泪盈眶，这是他们的一种享受和期待。老师怎样给父母谈自己，父母怎样给老师说，他们关注其中的内容，这是他们的又一种期待。放暑假了，父母请他们去打工的地方，这可是一次长途旅行！欣赏沿途美丽的风光，体验着坐火车的感觉，看看当地的名胜古迹，这是他们的又一种期待。过年了，听说父母要回家，那是在梦中就能笑醒了的幸福，这是非留守学生很难体会得到的。对亲情的期待、渴望、理解，难道不是他们健康成长的动力么？

警惕新时期留守儿童辍学

近年来，由于“两免一补”和对生活困难学生补助等政策的实施，农村初中生因贫困而辍学的现象基本上消失了。但据我了解，辍学的学生人数并没有因此而减少，反而还有逐渐增多的趋势，其中留守儿童是辍学的主要对象，这不能不说是九年义务教育的一大隐痛。

行为表现良好的小A：本学期已过完一半，读初二的小A在上课时间突然收拾书包回家，在街上恰巧被班主任碰到。班主任问小A回家是不是因为生病了，小A答曰不读了，令班主任惊愕不已。问其是否因被老师批评或者和同学发生了纠纷等，小A均摇头。小A告诉老师，这是经过自己“深思熟虑”所作的选择。面对平常除了学习成绩稍差一点而其他方面表现很好的小A，班主任再三劝说也无济于事。最后，班主任拨通了小A在外打工的父亲的电话，让小A把决定告诉父亲，然后其父对班主任说，孩子实在读不进书，不愿读就算了。班主任无语，只得目送小A的背影消失在回家的路上……

能考上高中的“优生”小B：小B一放寒假就去了父母打工的地方，临近开学时给班主任发来一条短信：“我不想读书了，以我的成绩即使能勉强考上高中，也不能考上好的大学，现在我在父母身边觉得挺好的。”接到这条短信，班主任知道说什么都迟了。要知道小B的成绩一直在班上前20名内，如果努力学习，考高中肯定没问题。然而她认为自己始终没有长进，这样读下去也没有什么用。她人已远在广东了，班主任连给她做思想工作的机会都没有。她才15岁，听说已在某百货公司当售货员，每月月薪600多元，给班主任发短信之时已上了几天班了。班主任实在想不通，他给学生不知讲过多少次，今后大家有的是打工的机会，何必辍学去打工，但学生就是不听话。

典型的“双差生”小C：小C是一个典型的“双差生”，学习成绩差，表现也不好。由于在小学的学习基础不好，上初中后小C对学习仍然没有什么兴趣，每次考试他都难以越过及格线，好在他上课一般不会去打扰别人，只是自己做小动作或者睡觉，很多老师都看不惯，常批评他，在这一点上班主任却非常理解他，否则他在班上早就“混不下去了”。他的课外生活却“丰富多彩”：上网打游戏的时间多，而且据说是“高手”；和别人打架的时候多，还很讲哥们义气。班主任使出浑身解数，一次又一次地找他谈心，鼓励、表扬、批评，各种手段用尽，可还是难以将其“扶正”。他最大的优点是不顶撞老师，且能改正，但保持两三天后老毛病又犯了。终于有一天，他差点将外班的一个学生打成“大问题”，不得已，在解决问题之后，班主任通知其家长回来把他领走，让他换一个学习环境。家长曾和班主任通过无数次电话，知道自己的孩子实在太顽劣，班主任已经尽了最大的努力。临走，班主任当着小C的面对家长说，这孩子其实有很多优点，等他再大一点懂事了，将来会有出息的。一番话说得家长和小C眼角湿湿的，对班主任非常感谢。在家长的全力打点下，小C转学到另一所学校就读，可是不到一个月，还是辍学了。

学习成绩偏科的小D：小D文科成绩较好，理科成绩较差。她一直能模范地遵守班规校纪，而且她擅长唱歌和跳舞，在学校的文艺会演中，她和班上几个学生编排演出的舞蹈节目曾获得一等奖。她在日记和作文中，常常倾诉学习的苦恼，有一次她干脆提到下学期就不读了。班主任获得这一信息后，非常着急，谈心时给她介绍了一些学习方法，并让她懂得考试成绩好或者说升学并不是唯一的出路，初中无论如何要念完。她说这些道理她都懂，她很感谢老师的关心和帮助，并尽力去试一试，可几次下来，她的物理课和数学还是没有进步。她说上物理和数学课简直就像是坐飞机，云里来雾里去，并且每一节课下来都感觉特别累。这期间，班主任也主动和其家长联系过多次，让他们给孩子一些精神上的鼓励和支持，家长也很配合。最后，在期末考试中，小D的理科成绩仍然不理想，班主任心里隐隐约约感觉到小D要辍学，发通知书那天还专门让小D留下来又做了思想工作，小D说谢谢老师，她会考虑老师的建议。下一个学期开学了，小D始终没有出现，打电话问其家长，说是小D不再念书的态度很坚决，他们也没有办法。

我列举以上几种辍学的典型现象，希望能引起大家的关注，从而通过学校、社会和家庭的合力，让全体学生特别是留守儿童能够身心愉悦地接受九年义务教育。

教师生活也需要“快”

《教育时报·课改导刊》3 月 8 日“创见版”刊载了张日月老师《教师需要过一种“慢”生活》一文，该文从课堂上“慢”一点、研究上“慢”一点和行走上“慢”一点三个方面阐释了教师的生活，前后又分别用消息和寓言所包含的“慢”的哲理照应，令读者信服。张日月老师的观点也与张文质先生提出的“教育是慢艺术”的内涵相吻合：教师对学生多一分关爱与宽容、多一分耐心与等待，教师对自己要充满自信与期待……然而，我以为，教师固然需要过一种“慢”生活，但有时也需要进入“快”的状态，否则，一些教师会以“慢”为借口，做出很多对教育不利的事情。

比如“走”，快走好还是慢走好？有关专家给出的结论是，快走与慢走是不同的锻炼方法。快走是锻炼，慢走是按摩；快走是强身，慢走是养心。他还作了科学合理的分析：快走是力量性的，可以锻炼心脏、肌肉、骨骼系统，可以活血通经络，可以清内热以及消耗体内多余能量，提高人的体能；慢走对身体内脏按摩的作用很大，是一种养生养心活动，慢走时人的心是平静的，身体处于一种放松状态。因此，慢有慢的好处，快也有快的作用，对于教师的教育生活，又何尝不是如此？

有人对快速阅读和细嚼慢咽式的精读作了研究，结果显示：人们普遍认为，延续了几千年的精读，是理解记忆最好的阅读，这其实是一种误解，是把理解和记忆混淆的结果；而快速阅读却相反，它的节奏和大脑处理信息的节奏更接近，更容易协调和匹配，所以是最有利于记忆的阅读。因此，是速读还是精读，应根据阅读目的和读物种类选择。

对于教师的生活需要“快”，我们不妨说得具体些。

记住学生的名字要快。很多优秀的班主任在总结经验时都曾经提到过，接手一个新班，在开学报名前后便记住了全体学生的名字。能够把学生和他的名字对上号，这不但是对学生的尊重，更是对学生的鼓励。而有的教师，教了一学期甚至一年，学生的名字也叫不全，这种“慢”确实是一种悲哀。

各方面知识更新要快。现代社会发展很快，知识不断更新，而且更新的周期也比较短，如果教师不加紧学习，仅靠吃知识的“老本”，肯定会落后，只能故意在学生面前摆出一副不可接近的样子。事实也表明，只有善于学习、知识丰富的教师，才能在教育教学中游刃有余，也才能得到学生的尊重、认可和喜爱。

自身观念的转变要快。新课改推行至今已经10年有余，有一些基本的理念，如师生关系应是民主平等的，学生是课堂的主人，自主、合作、探究的学习方式等，有些教师不关心、不理解也不实践，观念转变慢，角色转换慢。在与学生交往时，这些教师放不下师道尊严的架子；在课堂上，还是一味充当知识的“传声筒”，还是课堂的支配者和控制者。总之，与新课改格格不入。

专业成长的速度要快。其实，现在谁都知道，一个教师的专业成长与读书、写作、反思和教研关系甚大。但是，对于教师读书，如果要在全国范围内作一下统计，统计一名教师阅读了哪些教育名著或与教育有关的书籍，恐怕结果会令人相当失望。至于写作，就拿每学期的师德心得体会和教学反思来说，相当一部分教师只是从网上下载后稍作修改交差，有的老师一学期甚至一篇教育教学方面的文章都没认真写过。对于自身的专业素质，“今天的我”相对于“昨天的我”没有明显进步的教师不在少数。

还有，解决学生间的矛盾要快、给学生答疑解惑要快、课堂教学的思维要快、作业的批改要快、孝敬父母要快、善待孩子要快……教师生活也需要“快”，从这些意义上说，“快”也是教师应该达到的一种境界。